몸값경제학

Business Man
Income Economics

몸값 경제학

초판인쇄 2008년 9월 1일
초판발행 2008년 9월 5일
지은이 이채윤
펴낸이 한익수
펴낸곳 도서출판 큰나무
등록 1993년 11월 30일(제5-396호)
주소 120-837 서울시 서대문구 충정로3가 3-95 2층
전화 (02) 365-1845~6
팩스 (02) 365-1847
이메일 btreepub@chol.com
홈페이지 www.bigtreepub.co.kr

값 12,000원
ISBN 978-89-7891-250-1 03320

Business Man Income Economics

몸값경제학

이재윤 지음

큰나무

하루를 위한 기도

하루를 시작하며

무릎을 꿇는 것은

조용히 아침의 소리를 듣기 위함이다

오늘 하루를 부끄럽지 않게 열고

닫게 하기 위함이다

어느 누구를 만나든

애정 깊은 사귐을 나눌 수 있게 하시고

유쾌한 얼굴로 헤어지게 하소서

돌아서서 가는 그 사람이

두고두고 기쁘게 기억하게 하소서

길을 가다 이따금 발걸음을 멈추고

하늘을 보는 것은

하늘에 써지는 나의 하루가

노래가 되는지 바라보기 위함이다

구름 같은 나비 떼 날고 있는지 보기 위함이다

저녁에 돌아와

다시 무릎을 꿇는 것은

조용히 저녁의 소리를 듣기 위함이다

오늘 하루의 삶이

무엇을 말하는지 듣기 위함이다

김용길

CONTENTS

⋮ 오리엔테이션

물고기를 잡고 싶으면
물고기가 무엇을 먹고 싶어 하는지를 알아야 한다.
데일 카네기

얼마 전, 나는 젊은 직장인들이 모인 어떤 세미나에 참석했다.

예비 직장인들과 입사 3년차 미만의 직장인들이 모인 자리였는데 세미나의 제목이 '몸값 제대로 받자' 였다. 나는 제목만 보고서 사회 초년생들에게 억대연봉 운운하면서 바람을 잡는 세미나인 줄 알았다.

내가 그 세미나에 참석하게 된 것은 모 잡지사의 헤드헌터 시장에 대한 르포를 써 달라는 요청 때문이었다. 말하자면 나는 작가로서 취재하기 위해 그 자리에 참석했는데 세미나의 내용은 의외로 진지하고 깊이가 있었다.

강사는 자칭 '뚱보강사' 라는 사람이었는데 젊은이들 사이에서 상당히 인기가 있었다. 그는 '몸값 세미나' 를 5년째 해온 그 분야의 베

테랑이었다. 그 세미나는 저녁 시간 월요일부터 금요일까지 5일 동안 계속 되었는데 연일 넓은 강당이 빼곡할 정도로 성황을 이루었다.

무엇보다도 뚱보강사는 입담이 좋았다. 그는 다양한 체험을 했고 박학다식해서 아주 재미있게 강연을 했다. 첫날부터 끝나는 날까지 재치와 유머, 그리고 감동이 있었다. 젊은 직장인들은 아주 진지하게 경청하고 있었다. 그는 사람들이 왜 자신의 몸값을 올리려고 몸부림을 치고 있는가를 확언하게 그림을 그려 보여 주었다.

글 쓰는 일을 평생의 업으로 알고 있던 나는 말도 제대로 풀어내면 대단한 영향력이 있다는 것을 모처럼 깨달았다. 알고 보니 그는 헤드헌터로서 막강한 영향력을 가지고 있었다. 나는 헤드헌터 사업이 어렴풋이 직업소개소 정도인 줄로만 알고 있었는데 놀라울 정도로 상당한 비중을 가진 사업이었다. 뚱보강사에게는 많은 기업이 인재를 보내 달라고 요청하고 있었다.

그는 그 일을 아주 즐거운 마음으로 하고 있었다. 단지 돈벌이만을 위해서 그 일을 하는 것이 아니라 자신이 하는 일이 젊은이들의 장래를 위한 그리고 한 개인에게뿐만 아니라 국가와 사회, 미래를 밝게 하는 일이기 때문에 즐겁고 행복하다고 말했다.

나는 그와 대화를 나누면서 그가 아주 좋은 일을 많이 하고 있다는 사실을 알게 되었다.

그는 세미나가 끝나고 자신에게 문의하거나 상담을 해오는 젊은이들의 애로 사항을 발 벗고 나서서 해결해 주곤 했다. 예컨대 자신에게 상담하면서 어려움을 호소하는 젊은이들의 문제를 마치 친형제나 되는 것처럼 발로 뛰어다니며 해결해 주곤 한다는 것이었다.

그러다 보니 그는 직장을 다니는 젊은이들과 격의 없는 친구가 되었다. 누구보다도 그들의 애로 사항을 잘 알게 되었으며 그것이 그의 강의를 실제 내용이 있는 세미나로 만들어 간 것이었다. 그는 처음부터 인기가 있는 강사가 아니었다. 젊은이들과 호흡을 같이하면서 그들을 알게 된 생생한 체험이 강의를 점점 재미있게 만들었고 그를 유명한 강사로 거듭나게 했다.

"나는 억대 연봉 강의를 하면서 한 번뿐인 인생 폼 나게 살아보자고 이야기하죠. 하지만 그게 쉽지가 않다는 것도 알려주고 있어요. 나에게 배운 것이 많은 도움이 되었다는 젊은이들의 메일이나 전화를 받을 때는 너무도 기뻐요."

뚱보강사는 그렇게 말하며 사람 좋게 웃었다.

나는 5일간 꼬박 그의 강의를 들었다. 그리고 마지막 날, 세미나를 마치고 저녁을 먹는 자리에서 뚱보강사가 내게 물었다.

"이번 르포 기사가 나가서 반응이 좋으면 책으로 묶어보실래요?"

나는 세미나를 간단하게 스케치하긴 했지만 그 분야에서는 문외한이라서 선뜻 대답을 하지 못했다. 그런데 얼마 후에 그에게서 전화가 왔다. 잡지에 기사가 나간 후였다.

"기사에 대한 반응이 정말 좋아요. 한 번 만나 맥주나 할까요?"

내가 약속 장소에 나갔을 때, 뚱보강사는 일단의 젊은이들과 자리를 같이하고 있었다. 그들은 모두 일어나서 내게 인사를 했다. 그들은 이번 세미나에 참석한 사람들인데 세미나가 끝나는 시간이면 이따금 같이 맥주를 마시던 일행이었다.

"선생님, 이 친구들이 억대연봉에 도전하려고 스터디그룹을 만들기로 했답니다."

그들은 전영표, 이명우, 손태란, 최진철, 이정희, 김범수, 박한덕 등 7명이었다. 그들은 여자 둘에 남자 다섯으로 서로 동창인 경우도 있었으나 대부분 나온 학교도 다니는 직장도 다른 20대 중반의 젊은 이들이었다. 그들은 세미나가 진행되는 동안 누구보다도 열심히 강의를 경청했고 성공을 위해서 최선을 다한다는 각오를 하고 도전하는 젊은이들이었다.

나는 이미 각종 구직 관련 사이트와 인터넷 카페에 올라온 취직 성공담을 훑어보고서, 이 땅에 노력하는 청춘이 한둘이 아니라는 사실을 알고 있었다. 하지만 그들과 대화를 나누면서 그들의 치열한 의식을 만나자 실전을 방불케 하는 전쟁터에 들어서 있다는 것을 알 수 있었다. 그들은 하늘의 별 따기와 같다는 취업문을 뚫고 나서도 안심하지 못하고 1등을 위해서, 억대연봉을 향해서 내달리는 전사들이었다.

하지만 나는 그들이 보기에 안쓰러운 느낌이 들어서 말했다.

"자네들 아직 새파랗게 젊은 나이에 너무 출세와 돈을 밝히는 것 아닌가 싶어. 좀 여유를 가지고 사는 법을 배우는 것이 좋을 것 같은데."

그러자 한 친구가 말했다.

"그건 선생님이 저희의 실정을 잘 몰라서 하시는 말씀인 것 같아요. 저는 지금 일하는 일자리가 5년 뒤에도 그대로 있을지 아니면 흔적조차 사라지고 없을지 모르는 혼란스러운 환경에 처해 있거든요. 제가 일하는 분야는 IT 업종 중에도 가장 변화가 빠른 모바일 쪽이에요. 자고 나면 날마다 새로운 물건이 튀어나오고 또 그만큼 사라져 가고 있어요. 일주일만 한눈을 팔아도 다른 환경이 만들어져 있을 만큼 치열하게 매달리지 않을 수가 없어요. 물론 우리가 출세에 연연해 하는 것도 사실이긴 하지만 이렇게 열심히 하지 않으면 언제 도태되어 퇴출당할지 모르거든요."

듣고 보니 그랬다. 나는 그 친구에게 심한 부끄러움을 느꼈다.

태어나서부터 성공이 보장된 삶을 살아가는 사람은 극소수에 지나지 않는다. 통계에 의하면 평생이 보장될 정도의 부를 지닌 부모에게서 태어나는 확률은 2%에 지나지 않는다고 한다. 나머지 98%의 인간들은 치열한 생존경쟁 속에서 남보다 앞서 달려야 성공과 부를 거머쥘 수 있는 것이다.

우리 중에는 부모를 잘 만나 고생 모르고 어린 시절을 보낸 사람일지라도 순식간에 아버지의 사업 실패로 방황하며 어려운 청춘의 시기를 보내는 이들도 많다. 또 도시의 후미진 변두리나 낙후된 산간벽지에서 태어나 문화의 혜택도 받지 못한 채 어렵사리 중 · 고등학교를 졸업하고 사회에 첫발을 디딘 초년생들도 많다.

스터디 그룹 7명의 멤버들 중에도 IMF 때 아버지가 사업에 실패하거나 직장을 잃어서 그 고생의 터널을 지나온 이들이 둘이나 있었다. 또 그들 중에도 지방에서 올라온 사람이 둘 있었고, 한 친구는 고아원에서 자랐지만 어려운 가운데도 엄청난 노력 끝에 대기업에 근무하고 있었다.

어쨌거나 그들은 모두 성공을 거두고 풍요로운 삶을 꿈꾸고 있었다.

이 사회 초년병들의 각오와 꿈과 열정은 대단했지만 나이 든 내가 보기에 그들은 무언가 어수룩하고 부족한 모습이었다. 하지만 나는 그들이 모두 급변하는 환경에 대처하면서 미래의 성공한 자신을 그리며 눈빛을 빛내는 것이 대견스럽게 느껴졌다. 그들은 누구보다도 치열했고 열정적이었으며 미래를 생각하는 조직적인 머리와 실행력을 지니고 있었다.

뚱보강사는 나에게 전에 말했던 대로 자신의 세미나를 책으로 묶어 보라고 거듭 권하면서 젊은이들의 스터디 그룹에 참여할 것을 제의했다. 젊은이들도 나의 참여를 흔쾌히 요청했다. 나도 그것이 젊은이들과의 세대 차이를 좁혀주고 작가생활에도 유익한 것이 될 것이라는 판단에서 오케이를 했다.

그날 이후 나는 한 달에 한 번 그 젊은이들의 스터디 그룹에 참석해서 그들과 대화를 나누며 많은 것을 배우고 느낄 수 있었다. 그뿐만 아니라 7명의 젊은이와 우정을 나눌 정도로 친밀해져서 한창나이의 젊음을 만끽하는 기분으로 살아가게 되었다. 인간은 나이가 들어도 젊은이에게 배워야 한다는 말이 실감이 났다.

이 책은 억대연봉에 대해서 세미나를 여는 뚱보강사의 강연과 그것을 듣고 억대연봉에 도전하는 젊은이들과의 대화를 한 권의 책으로 엮은 것이다.

'취업했다.' 는 사실만으로도 부러움의 대상이 되는 것이 요즘 세태다. 거기에 이른바 잘나가는 대기업에 입사한 이들은 취업준비생들에게는 경외의 대상이 아닐 수 없다. 하지만 사람의 욕심은 거기서 끝나지 않는 걸 어쩌랴. 취업을 한 사람들은 더 좋은 직장, 더 높은 급여를 받는 것을 원하게 된다. 내가 보기에 직장이란 전장에서 살아남고, 억대 연봉자가 되려면 전략적인 경력 계획은 필수적인 듯 보인다. 요즘은 '억대 연봉' 이 높은 급여와 출세의 상징적 의미도 지니고 있다. 그래서 직장 선택과 연봉과 승진은 인생의 가장 중요한 기준이 되어 있다.

이 책에서 직장인의 몸값을 올릴 수 있도록 제시하는 조언은 이론적인 면에서가 아닌 실제적 경험자들의 체험담을 바탕으로 이루어졌다. 이 책을 읽는 여러분이 부디 그들처럼 옹골찬 자세로 성공을 향해서 전진하기를 빈다.

2008년 여름

이채윤

SECTION 01

몸값이
현실이다

Business Man Income Economics

결국, 살아남는 종은 강인한 종도 아니고,
지적 능력이 뛰어난 종도 아니다.
변화에 가장 잘 대응하는 종이 살아남는 것이다.
찰스 다윈 『진화론』 중에서

새내기들의
우연한 만남

영표는 평범한 가정에서 태어난 이 땅의 보통 젊은이다. 가정형편이 어려워서 아르바이트를 하며 힘들게 대학을 다녔고 졸업 전 세 군데의 회사에 입사원서를 넣었다. 한 곳은 전공을 살린 곳이고 나머지 두 곳은 그렇지 못한 곳이었다. 하지만 시험에 붙은 곳은 비전공 분야이고 연봉도 가장 적은 회사였다. 전공을 살리고 폼 나는 회사를 다니고 싶었던 그는 실망했다.

'이럴 줄 알았으면 학교 다닐 때 영어 공부도 좀 더 열심히 하고 자격증도 몇 개 따놓았어야 했는데……'

영표는 아르바이트와 연애를 하느라고 빼앗긴 시간이 아깝고 야속하기조차 했다. 그는 2년 가까이 한 여학생과 사귀었지만 얼마 전 그녀와 헤어졌고 공연히 시간과 청춘을 낭비했다는 기분에 이래저래 속만 쓰렸다. 공부를 좀 더 해서 마음에 드는 직장을 다니고 싶었지만, 집안 사정이 공부나 계속할 형편이 되지 못했다. 밑에서 동생 둘이 쑥쑥 자라나 대학 진학을 앞두고 있었고 별 수 없이 시험에 합격한 회사를 다니기로 했다.

명우는 영표와 고등학교 동창이다. 그도 역시 평범한 가정에서 태어난 이 땅의 보통 젊은이다. 그는 학과 성적이 좋은 편이어서 명문대학을 다녔고 자신의 전공을 살려서 국내 굴지의 재벌 그룹에 공채로 합격해 경영지원총괄 홍보팀에 입사했다.

출근 첫날, 그는 자기처럼 평범한 사람이 출세해서 CEO까지 되려면 몇 년이 걸릴까, 하는 생각을 했다. 평사원에서 대리가 되는 데 4년, 대리에서 과장이 되는 데 3년, 과장에서 차장이 되는 데 3년, 차장에서 부장이 되는데 3년, 부장에서 이사가 되는 데…….

그가 다니기로 한 그 회사는 각종 부서에 수천 명에 달하는 직원들이 있었다. 그들은 일반직 사원과 중간관리자인 간부, 그리고 경영진으로 구성되어 있다. 명우는 그들 수천 명이 자신의 경쟁자들이라고 생각했다. 어쩌면 뛰어난 인재들이 너무 많아서 이사 이상의 직위에 오르는 것은 어려운 일일지도 모른다.

'나는 이 회사에 아무런 인맥도 가지고 있지 못한 형편이 아닌가.'

그러나 명우는 최고 경영자의 자리에 오르는 날까지를 생각해 본다. 보편적인 규칙이나 공식이 있을 수 없지만, 최고 경영자의 자리에 오르려면 대략 30~40년의 시간이 걸린다는 계산이 나왔다. 그는 회심의 미소를 지으며 경영학과 출신답게 전문 경영인의 길을 걷기로 마음먹었다. 그의 앞에는 이미 그런 일을 해낸 선배들이 있으므로 그들의 행적을 추적해서 그 길을 따라 걸어보리라고 작정했다.

야심만만한 그는 출근 첫날, 그 시간을 반으로 줄여보겠다는 결심을 한다. 자신이 누구보다 부지런하고 열심히 일에 매달릴 수 있다고 생각했으므로 그런 목표를 세웠고, 가능한 목표라고 믿기 시작했다.

명우는 얼마 전에 읽은 어떤 책의 내용을 떠올렸다. 그것은 된다고 믿고 그 모습을 마음속으로 꾸준히 그림을 그리면 그런 사람이 된다는 것이었다. 그는 기도하는 마음으로 차분하게 마음을 가라앉히고 자신의 성공한 모습을 그리는 습관을 갖게 되었다. 마침 그 회사에는 같은 학교 1년 선배가 다니고 있었다. 손태란이었다. 그녀는 정보통신총괄 경영지원팀에 근무하고 있었는데 명우의 과 선배여서 학교에서 얼굴 정도는 알고 지냈지만 친한 사이는 아니었다.

"반갑다. 명우야. 네가 우리 회사에 올 줄은 몰랐어. 잘 해보자."

"선배, 많이 좀 가르쳐 주세요."

두 사람은 부서는 달랐지만, 구내식당에서 같이 점심을 먹거나 퇴근길에 가끔 만나서 식사를 하거나 생맥주를 마실 정도로 친해졌다. 그러는 사이에 태란은 선배답게 회사에서의 경험을 전수해 주고 있었다. 그런데 어느 날 태란은 명우의 야심 찬 말을 듣고 깜짝 놀랐다.

"뭐야. 20년 안에 우리 회사의 CEO가 되고 싶다고?"

명우는 고개를 끄덕였다.

"그래. 그 용기가 가상하다. 하지만, 그렇게 쉽지는 않을걸."

태란이 그렇게 반응하자 명우는 초고속 승진을 했던 대선배들의 예를 들면서 자신감을 피력했지만 태란은 고개를 설레설레 저었다.

"너, 아직 우리 회사를 몰라서 그래. 그 선배들의 이야기는 아직 회사가 자리 잡히지 않았던 경제개발 시대 그러니까 개척자 시대의 일이야. 할리우드 서부영화에 나오는 카우보이 시대에는 총잡이가 필요했지. 하지만, 지금은 달라. 지금은 모든 조직이 아주 정밀하게 짜인 물샐틈없이 기계화된 시대란 말이야. 꿈은 가상하다만 네가 실망이 클까 봐 무척 걱정스럽다. 회사를 한 3개월만 다녀보고 이야기해. 그때쯤에는 판단이 설 테니까."

태란은 1년 먼저 회사에 다닌 선배로서 그렇게 충고를 했다. 자신만만했던 명우는 처음으로 어떤 벽을 느꼈다. 그렇다면 평생을 바쳐서 일해도, 목숨을 걸고 도전을 해도 CEO 자리를 차지할 수 없단 말인가!

그때 태란이 말했다.

"명우야. 너 그러지 말고 나랑 세미나 가볼래?"

"세미나? 뭔데?"

"빠른 시일에 억대연봉을 받는 비법을 가르쳐 주는 뚱보강사가 있는데 얼마 전에 어떤 선배가 듣고 와서는 아주 유익하고 재미있다고 하더라고."

"무슨 약장사 같은 소리나 하는 것이겠지."

"아니야. 꼭 억대연봉을 바라서가 아니라 너처럼 아직 눈에 딱지가 덜떨어진 초년병들에게는 아주 현실감 있는 직장생활 하는 법을 가르쳐준 데. 나도 가서 들어보고 싶었는데 같이 가자."

"그럴까."

그렇게 해서 두 사람은 뚱보강사의 세미나를 듣게 되었다. 그런데 명우는 세미나장에서 고등학교 동창인 영표를 만났다.

"야, 명우야. 오랜만이다."

영표가 먼저 명우를 보고 반겼다. 두 사람은 고등학교 때는 단짝처럼 붙어다녔지만 다른 대학을 다니고부터는 전처럼 가까이 지내지 못하고 있었다. 영표는 명우가 대기업에 합격했다는 소식을 들었지만, 자신의 처지가 내세울 것이 없다는 생각 탓에 일부러 그를 찾지 않았던 것이다.

사실 영표는 출근을 시작했지만 회사 일에 적응하기가 무척 힘이 들었다. 자신이 맡은 업무가 잘 파악이 되지 않았고 손에 잡히지도 않아서 방황하는 중이었다. 그렇다고 석 달도 안 돼서 회사를 그만둘 수도 없어서 고민하고 있었는데 입사 동기인 최진철이 말했다.

"영표 씨 나랑 세미나 좀 다녀볼래요?"

그도 회사 일에 잘 적응을 못 하고 있어서 두 사람은 서로 통하는 것이 좀 있었다.

"무슨 세미나인데요?"

영표가 물었다.

"3년 안에 억대연봉자로 만들어 준다는 재미있는 사람이 있데요."

"3년 안에 억대연봉자로 만들어 준다고요? 으아, 꿈같은 이야기네."

"내용이 아주 유익하데요. 수강료도 비싸지 않으니까 한 번 들어나 봅시다."

그렇게 해서 두 사람은 세미나에 참석하게 되었고 영표는 명우를 만나게 되었다. 명우는 영표에게 태란을 소개했고 영표는 진철을 소개했다. 네 사람은 자리에 나란히 앉았다.

차츰 강당 안은 비어 있는 자리가 없을 정도로 가득 찼다.

몸집 불리기

7시 정각이 되자 세미나가 시작되었다. 뚱보강사가 연단에 서자 사람들의 눈길이 그에게 쏠렸다. 중간 정도의 키에 뚱뚱한 체격이다. 그가 입을 열었다.

"안녕하십니까? 뚱보강사입니다."

뚱보강사가 고개를 꾸벅하고 인사를 한다. 목소리가 낮지만 카랑카랑하고 카리스마가 느껴진다. 사람들이 모두 일어서서 박수를 친다. 모두 기립해서 박수를 치는 것을 보니 그는 정말 인기가 있는 모양이다.

"여러분은 억대연봉을 받으려고 이 자리에 모였습니다. 당장 억대 연봉을 받고 싶으시죠?"

청중들이 모두 예, 라고 대답한다.

"그런데 무엇을 해서 억대연봉을 받을 수가 있을까요? 연봉만 많이 준다면 아무 일이든 하시렵니까?"

"아니요."

청중이 소리쳐 대답했다.

"아니죠. 그러면 안 되죠. 지금 여러분은 억대연봉을 받고 싶어서 이 자리에 모였습니다. 하지만 아무 일이나 해서 억대연봉을 받을 수는 없습니다. 우리가 이 세상에 태어날 때는 타고 나는 재능, 즉 달란트라는 것이 있습니다. 그것을 우리는 내가 아니면 다른 사람이 못하는 일, 자기만이 꼭하고 싶은 일이라고 표현을 하곤 합니다. 여기 이 자리는 3년 차 미만의 신입사원들만 모인 자리라서 아직 자신의 달란트를 찾지 못한 분들도 많이 있을 겁니다. 또 자기 달란트가 무엇인지 절실하게 깨달은 1, 2년차들도 지금 하고 있는 일과 매칭이 안 돼서 몸부림치는 사람들이 많을 것입니다. 그것은 전공이 무엇이냐 보직이 무엇이냐 하고는 상관이 없습니다. 한 번뿐인 인생 폼 나게 살아보자. 그런데 그게 쉽지가 않죠. 그래서 이 자리에 모인 것 아닙니까?"

"예."

"맞습니다."

청중들의 대답이 우렁차다. 그는 시작부터 좌중의 시선을 자기에게 끌어 모으고 있었다. 뚱보강사의 말이 이어졌다.

"억대연봉! 경제적인 안정과 풍요! 얼마나 가슴 벅찬 말입니까! 여러분은 누구든지 그것을 누릴 자격이 있습니다. 제가 이 세미나를 5년째 하고 있는데 여러분이 자신의 재능을 잘 계발하고 자신감을 가지고 노력한다면 이 모든 것을 다 누릴 수 있다는 것을 말씀드리고 싶습니다.

그런데 여러분 '몸값' 이란 것이 무엇입니까?

사전을 찾아보면 '몸값을 받고 남의 종이 되는' 것이라고 나와 있어요. '사람의 가치를 돈에 빗대어 낮잡아 이르는 말' 이라고도 나와 있지요. 심청이는 몸값으로 공양미 삼백 석을 받고 팔려갔습니다. 엄밀하게 따지면 여러분도 돈 몇 푼 받고 지금 다니는 직장에 팔려간 겁니다. 그래서 갓 입사한 신입사원들은 직장 일에 잘 적응이 안 되는 겁니다.

'내가 겨우 이런 일이나 하려고 태어난 것은 아닌데…'
'내가 겨우 이런 일이나 하려고 취직한 것은 아닌데…'
'이곳은 내 꿈을 펼칠 수 있는 곳이 아니야.'

정말 마음에 들지 않는 것이 많을 겁니다. 그런 비애는 뚱보강사에게도 있답니다.

얼마 전에 TV를 보니까 개 한 마리가 나왔는데 그 개의 출연료가 장난이 아니더라고요. 한 회에 40만 원을 받는답니다. 뚱보강사도 가끔 TV 출연을 하는데 얼마 받는지 아세요? 겨우 30만 원 정돕니다. 어떻게 이 유명한 뚱보강사가 개보다 못한 대접을 받아야 하는지 참 난센스도 이만저만이 아닙니다. 그런데 이렇게 불만을 이야기해도 소용이 없습니다. 우리는 몸값이 현실인 시대에 사는 겁니다."

그때 강사가 소리쳐 물었다.

"우리나라에서 제일 몸값이 비싼 사람이 누구인지 아십니까?"

그러자 여기저기서 배용준, 비, 보아, 박지성, 이승엽 등등 연예인과 스포츠 스타들의 이름이 불린다.

"배우 배용준이 지난해 2007년 4백32억 원의 소득을 올려서 최고의 몸값을 올렸대요. 여기 도표를 보세요."

뚱보강사는 노트북을 작동시키면서 준비한 프레젠테이션 자료를 강당 정면에 설치된 대형 화면에 보여주기 시작했다.

그것은 시사주간지 〈시사저널〉이 사업자, 스포츠 선수, 연예인 등 각계각층에서 활약하는 사람들의 연소득을 다양한 자료를 통해 조사한 결과였다. 조사 결과를 종합하면 우리나라에서 몸값 순위 10위권에 드는 사람들이 연간 100억 원 가까이 돈을 버는 것으로 나타나 있다.

1위 배우 배용준 4백32억 원

2위 삼성전자 윤종용 부회장 2백53억 원

3위 가수 보아 1백83억 원

4위 가수 비 1백50억 원

5위 삼성전자 이기태 기술총괄 부회장 1백41억 6천만 원……

그 도표를 보면 몸값 20위권에는 재벌회사 최고경영자들과 이효리, 전지현, 윤은혜, 유재석 등 연예인들이 대거 포진하고 있었다. 뚱보강사가 설명하기 시작했다.

"잘 나가는 유명인들과 재계 인사들은 일반 시민들과 위화감을 조성한다는 눈총을 받을까 봐 몸값 이야기하는 것을 몹시 싫어합니다. 일반 직장인은 평생 모을 재산을 일부 유명인들은 몇 개월이나 수년 사이에 벌어들이고 있기 때문이죠. 그런데 알고 보면 그들처럼 엄청난 수입을 올리는 성공을 거두기란 하늘의 별 따기보다도 힘들죠. 특히 모든 연예인이 돈을 잘 벌고 잘나가는 것 같지만 사실 10명이 데뷔하면 1명이 스타덤에 오르기도 어려운 것이 사실이죠. 나머지 9명은 돈을 벌기는커녕 먹고살기도 힘든 실정이에요. 그래서 요즘 사회를 '승자독식사회' 라고 합니다. 스타 한 사람은 나머지 사람들의 희생을 딛고 시장을 휩쓸면서 독식하고 있다고 볼 수 있어요. 세상은 1등만 기억합니다. 그런데 여러분은 자기 분야에서 1등을 할 수 있다고 생각하십니까?"

좌중이 고요하다. 뚱보강사는 화면에 『승자독식사회』란 책에 나오는 글을 인용했다.

"이제 억대 연봉자의 고급 세단 옆에서 노숙자가 새우잠을 자는 풍경은 더 이상 낯선 것이 아니다. 가진 자는 더 많은 자산을 굴리게 되었고, 비정규직

종사자가 급증함으로써 이른바 '88만원 세대'라는 서글픈 신조어도 등장했다. '이태백'(20대 태반이 백수), '장미족'(장기간 미취업 상태에 있는 사람) 등의 말이 속속 생겨나는가 하면, 회사를 다니면서 다시 취업을 준비하는 '도둑공부', 어학연수 때문에 해외에 나가 있는 '영어난민', 취업을 위해 명문대에 다시 편입하는 '메뚜기 대학생' 등등 사회전체가 미칠 것 같은 경쟁에서 몸부림치게 되었다. 승자와 패자로 나뉘는 토너먼트가 곳곳에서 벌어지고, 패자가 절대 다수인데도 '패자부활전'은 용납되지 않는다. '개천에서 용 난다'는 속담은 완전히 옛말이되고 말았다. IMF 경제위기 이후 우리사회에 도대체 무슨 일이 벌어진 것일까? 한마디로 1980년대에 이미 미국사회에 상륙했던 '승자독식사회'로의 변화가 우리 사회에도 일어난 것이다. IMF 경제위기는 무한한 자유시장경쟁, 최대의 생산성과 효율성을 최고의 가치로 여기는 미국식 고도 자본주의를 우리에게 강요했고, 그 결과 승자독식사회가 우리사회에도 정착하고야 말았다.

뚱보강사는 말을 이었다.

"정말 무엇이 잘못되어도 많이 잘못되었다는 생각이 들 때가 잦아요. 하지만 이것이 현실입니다. 뚱보강사가 승자독식사회를 이렇게 강조하는 것은 우리가 처한 냉엄한 현실을 일깨우기 위해서입니다. 지금 여러분은 자기 자신을 얼마짜리라고 생각하십니까? 여러분 스스로 지금 받는 연봉보다 더 많이 받을 자격이 있다고 생각하십니까?

왜 저 사람은 저렇게 빨리 성공하고 있을까? 왜 나는 저렇게 성공하지 못하는가? 그런 생각만 하지 말고 나를 제대로 팔려면 나를 제대로 알아야 합니다. 팔 것이 무엇인지 모르고 장 바닥에 서 있다면 그야말로 몸이나 파는 노예의 짓이라고밖에는 말할 수 없습니다. 여러분은 나를 판다는 것이 무엇인지 아십니까? 서글픈 이야기이지만 무엇 하나 제대로 팔 것이 없다고 생각하는 사람이 이 자리에 많이 있을 겁니다. 여러분은 무엇을 자신 있게 팔 수 있다고 생각하십니까?'

계속되는 강사의 질문에도 청중은 꿀 먹은 벙어리다.

"자신 있는 사람은 손들어 보세요."

좌중은 물을 끼얹은 듯이 조용하고 손 하나 드는 사람이 없었다. 뚱보강사가 연단 앞으로 나서며 외쳤다.

"여러분은 20년 이상, 이 세상을 살았고 16년 이상 학교에 다녔습니다. 그런데 특별히 팔 것이 없다니요. 그런 사람은 반성하고, 회개하고, 기도하고, 개심해야 합니다. 반성 안 하고 개심하지 않으면 이 세미나 100번 들어도 억대연봉자는커녕 제대로 된 인간이 되지도 못할 겁니다. 부끄러운 이야기지만 사실은 제가 그랬습니다. 재수, 삼수하고 겨우 별볼일없는 지방대학을 갔는데 학교뿐만아니라 전공학과도 별 볼일 없었어요. 지금은 세월이 변해서 괜찮은 학과로 통합니다만 제가 다닌 수의학과는 솔직히 말해서 그때는 정원이 남아돌아서 아무나 가던 데였죠. 저는 아무 생각 없이 거길 갔었어요. 군대 갔다 오고 졸업하고 보니까 아무 데도 갈 데가 없더라고요. 그때 저는 아무 데도 쓸모가 없는 청춘이구나 하고 절망에 휩싸였지요.

'아, 어머니는 나를 낳고도 미역국을 드셨구나.'

'아, 그래서 내가 사귀던 여자가 고무신을 거꾸로 신었구나.'

저는 천장을 보고 누워서 이런 생각을 했습니다. 이젠 별 수 없이 내가 수의학과를 나왔으니까 시골에 내려가서 돼지 엉덩이에 주삿바늘이나 꽂으며 돼지똥 속에서 살아야겠구나. 시대에 따라 트랜드가 바뀌는 탓에 요즘 같으면 그 일도 대단한 일이 되었지만 그때는 별 볼일 없는 일이었지요. 여러분 그런데 이 뚱보강사에게 문득 이런 생각이 떠올랐습니다. 저는 체격이 우람한 탓에 중학교 때 씨름을 하라는 소리를 많이 들었는데 저를 쫓아다니던 감독님 - 제가 쫓아다닌 것이 아니라 감독님이 저를 쫓아다녔어요. 네가 키가 자라다 말아서 그렇지 계속 자랐다면 분명히 이만기나 강호동이 같은 프로씨름 선수가 되었을 텐데 - 이 하던 말이 문득 떠오르는 겁니다. 너는 몸집만 더 키우면 몸값을 할 수 있을 텐데, 이 말이었어요. 우리는 여기서 우리말에 주의를 기울여야 할 것 같습니다. 우리의 몸은 집을 만나서 몸집이 됩니다. 몸과 집이 만나면 몸집이 커집니다. 몸은 여러분이고 집은 여러분이 다니시는 회사이거나 여러분이 종사하는 직업입니다. 몸이 집에 들어가서 제대로 살게 되면 몸과 집은 하나가 되어서 몸집이 커지고 으리으리 비까번쩍한 구중궁궐이 됩니다. 무슨 말인지 이해가 되십니까?'

그러자 청중들이 일제히 예, 라고 대답했고 강사의 말이 이어졌다.

"우리는 몸집을 키워서 몸만이 아닌 집값까지 쳐서 받는 몸집 값을 받아야 할 것 아닙니까?"

그러자 다시 박수가 이어졌다.

"몸집을 키우세요."

강사는 외마디 소리를 질렀다. 청중들은 조용해졌다.

"여러분은 몸값만 받을 사람들이 아닙니다. '몸값 + 집값'입니다. 우리는 근수에 따라 팔려나가는 돼지나 송아지가 아니라 영혼을 다스리는 집을 짓는 그 집의 주인입니다. 우리는 타워팰리스나 100층짜리 빌딩도 지을 수 있어요. 우리는 집을 짓고 있고 집값을 받는 것이죠."

그러자 다시 박수가 이어졌다.

"그런데 여러분은 어떻게 몸집을 키우실 것입니까?"

아무도 대답하는 사람이 없었다.

"여러분 걱정하지 마십시오. 여러분은 이 사회에 첫발을 내딛는 새내기이자 아주 신선한 날것 프레시맨 입니다. 아주 싱싱하죠. 비린내가 좀 나서 그렇지 몸집을 키우면 대어가 될 수 있습니다. 좋습니다. 이제 여러분과 함께 기둥, 대들보, 석가래 다 들쳐지고 큰 집을 지어 봅시다. 이제부터 이 뚱보강사가 여러분을 구중궁궐로 변모시키는 매직 쇼를 보여 드리겠습니다."

뚱보강사는 탁자에 놓인 물컵의 물을 쭉 들이켰다.

그러더니 아무 말도 하지 않고 연단을 떠나 뒤로 가더니 밖으로 나갔다. 청중의 시선이 그가 사라진 쪽으로 일제히 쏠렸다.

잠시 후, 그는 화분 하나를 끙끙거리며 들고 들어왔다. 그것은 대나무 한 줄기가 강당의 높은 천장에 닿을 듯 기다랗게 뻗은 화분이었다. 뚱보강사가 연단으로 돌아와 숨을 헐떡거리며 말했다.

"여러분 이것은 보시다시피 대나무입니다. 그런데 여러분은 이 대나무와 같습니다. 대나무가 어떻게 자라는지 아십니까? 대나무는 다년생 상록 교목인데 땅에 씨앗을 뿌리면 얼마 만에 싹이 나는지 아십니까? 그 씨앗은 꼬박 4년 동안 그 자리에 잠들어 있습니다. 그리고 4년이 다 지나갈 무렵 드디어 씨앗은 땅을 뚫고 올라옵니다. 그리고는 90일 만에 기적같이 30m가 자라납니다. 그런데 중요한 것은 그 4년 동안 누구도 싹이 아직 살아있는지 확신할 수 없다는 겁니다. 노련한 농부만이 알 수 있죠. 그것은 마치 미래를 준비하는 여러분과 같다고 생각합니다. 그렇지 않습니까?"

그러자 함성과 함께 일제히 박수가 터져 나왔다. 뚱보강사가 계속했다.

"미래를 준비하는 사람에게는 대나무와 같은 근성과 믿음이 있어야 합니다. 대나무는 인내를 모르면 성취도 영원히 없다는 것을 가르쳐주고 있습니다. 성공은 단번에 찾아오지 않습니다. 그러나 대나무는 '인생은 한 방' 이라는 것 또한 가르쳐주고 있습니다. 벌써 입사한지 3년이 되었는데 요 모양 요 꼴이 무어냐고 한탄하는 사람은 대나무처럼 1년만 더 기다려보세요. 내년에 한 방 터질지 알 수 없잖아요.

그렇다고 멍청하게 넋을 놓고 기다리기만 하라는 소리는 절대 아닙니다. 우아하게 물 위를 떠다니는 백조는 수면 아래서 엄청나게 빠른 속도로 발을 움직이고 있다는 것을 알아야지요. 용기를 잃지 않고 오랫동안 스스로 연마하고 갈고 닦아야 합니다. 때로 여러분은 자신이 하는 일이 아무 발전이 없어 보이고 지리멸렬해 보이기도 할 것입니다. 하지만 노력하는 사람에게는 어느 순간 갑자기 폭발적인 사건이 일어납니다. 대나무는 이 과정을 극적으로 잘 보여주고 있지요. 정말로 많은 것을 바꾸고 근본적인 변화를 일으키려고 한다면 많은 시간이 걸린다는 것을 명심해야 합니다.

우리 중에서 종교를 믿는 분도 있고 안 믿는 분도 있겠지만 그런 것에 상관없이 성경, 불경, 사서삼경에는 아주 좋은 말씀이 많아서 늘 인용합니다. 마태복음 25장 14~29절에 나와 있는 달란트의 비유를 알려 드리고자 합니다."

화면에는 성경의 구절이 떠올랐다. 그리고 그 글을 낭랑한 성우의 음성이 읽어나갔다. 차분하고 가라앉은 음색의 목소리가 울려 퍼지자 분위기는 숙연히 가라앉았다.

어떤 사람이 먼 나라로 여행하면서 자기의 종들을 불러 그들에게 자기 재산을 맡겼다.

그는 각자의 능력에 따라 한 사람에게는 다섯 달란트를, 또 한 사람에게는 두 달란트를, 또 다른 사람에게는 한 달란트를 주고 곧 여행을 떠났다.

그 후 다섯 달란트를 받은 사람은 가서 그것으로 장사하여 다섯 달란트를 더 벌었고, 마찬가지로 두 달란트 받은 사람도 두 달란트를 더 벌었다. 그러나 한 달란트 받은 사람은 가서 땅을 파고 자기 주인의 돈을 숨겨 놓았다. 한참 후에 그 종들의 주인이 돌아오자 다섯 달란트 받은 사람은 다섯 달란트를 더 가지고 나와 말했다.

"저에게 다섯 달란트를 주셨는데 그것으로 장사를 해서 다섯 달란트를 더 벌었습니다."

주인이 그에게 말했다.

"잘하였구나. 착하고 신실한 종아. 네가 작은 일에 신실하였으니 내가 너에게 많은 것들을 다스리도록 하리라."

두 달란트 받은 사람도 나와서 말했다.

"저에게 두 달란트를 주셨는데 그것으로 장사를 해서 두 달란트를 더 벌었습니다."

주인이 그에게 말했다.

"잘하였구나. 착하고 신실한 종아, 네가 작은 일에 신실하였으니 내가 너로 많은 것들을 다스리도록 하리라."

그 다음에 한 달란트 받은 사람이 나와서 말했다.

"주여, 주께서는 엄격한 분이시라 심지 않은 데서 거두고 뿌리지 않은 데서 모으시는 것을 내가 알았나이다. 그러므로 두려워서 가서 땅 속에 당신의 달란트를 숨겨 놓았나이다. 보소서, 주인님의 돈을 가지소서."

그러자 주인이 그에게 이렇게 말했다.

"악하고 게으른 종아, 너는 내가 심지 않은 곳에서 거두고 뿌리지 않은 곳에서 모으는 줄로 알았으니 그렇다면 네가 마땅히 내 돈을 환전상에게 맡겨서 내가 돌아왔을 때 내가 원금을 이자와 함께 받게 해야 했으리라. 그러므로 그에게서 그 한 달란트를 빼앗아 열 달란트를 가진 사람에게 줄 것이다. 누구든지 가진 사람은 더 받게 되어 풍족하게 되고 가진 것이 없는 사람은 그 가진 것마저도 빼앗기게 되는 법이다."

낭독이 끝나자 뚱보강사는 성경의 구절을 이렇게 해석했다.

"여러분 성경의 이 구절에는 이미 우리들의 세상을 예언해 놓은 모습이 보입니다. 성경은 모든 인간에게 재능, 즉 달란트가 주어져 있다고 말하고 있습니다. 하지만 모든 사람에게 그 재능을 고르게 준 것은 아니라고 했습니다. 신은 어떤 사람에게는 다른 더 많은 재능을 주기도 한다는 것을 여실하게 보여주는 대목입니다. 특히 우리는 한 달란트를 빼앗아 열 달란트를 가진 사람에게 줄 것이라는 대목에 주의를 기울여야 합니다. 이것은 이미 성경에서 승자독식사회를 예견하고 있음을 보여주는 증거입니다. 자신이 가진 재능이 크든 작든 관계없이 온 힘을 다하는 사람은 한 달란트를 빼앗아 열 달란트를 가질 수도 있다는 것입니다. 물론 이 말은 99가지를 가진 사람이 하나를 가진 사람의 것을 빼앗아 100을 채우라는 뜻은 아닙니다. 성경을 더 읽어 나가다 보면 자신이 가진 재능을 다른 사람들에게 도움이 되는 방법으로 사용하기를 바란다는 뜻으로 쓰여 있지만 성경의 메시지는 인간은 능력이 허락하는 최대한까지 자신의 재능을 발전시켜야 할 책임이 있다는 것을 말하는 것입니다. 그렇다면 여기서 불광불급, 즉 미쳐야 미친다, 미쳐야만 살 수 있다는 이야기를 해야 할 것 같습니다.

자신의 재능, 자신만이 가지고 타고난 달란트를 찾는 일은 미치지 않고서는 불가능한 일이기 때문이지요. 그런데 '내 달란트는 어디 숨어 있는 거야?' 하고 어정쩡하게 서 있는 사람은 자신이 쥔 한 달란트마저 열 달란트를 가진 사람에게 빼앗기고 만다는 겁니다. 그런 사람은 얼마나 불쌍한 사람입니까? 그래서 나는 여러분과 같은 사회초년생들을 만나면 제일 먼저 이렇게 묻습니다. 당신에게는 어떤 재능이 있습니까? 만약 아직 그것을 찾지 못했다는 대답을 들으면 나는 또 이렇게 묻습니다. 당신은 어떤 일을 하고 있나요? 당신은 어떤 일을 할 때 가장 행복한가요? 당신은 지금 그 일을 하고 있나요? 그 일이 당신이 가진 재능을 발휘하는 일이라고 믿고 있나요? 그렇게 대화를 나누다 보면 자기도 모르던 달란트를 알게 되는 경우가 많습니다. 그런 사람들은 대부분 하늘이 준 소명처럼 자신의 목표를 찾게 되고 직장에서도 점차 뛰어난 업적을 올리기 시작합니다.

인생에서 자신만의 달란트를 일찍 깨달은 사람은 최고의 위치에 오르는 경우가 많아요. 『동물농장』, 『1984년』 등의 작품으로 현대문명을 신랄하게 비판하고 풍자한 작가 조지 오웰은 '내가 글을 쓰는 이유' 란 글에서 이렇게 고백하고 있어요.

"아주 어렸을 때부터, 아마도 다섯 살이나 여섯 살쯤부터 나는 앞으로 커서 작가가 되리란 것을 알고 있었다. 열일곱 살부터 스물네 살 사이에는 그 생각을 버리려고 한 적도 있었다. 그러나 타고난 내 본성을 거역할 수 없다는 것을 절감한 후 결국 작가의 길을 걷기로 했다."

정말 어마어마하게 재빨리 달란트를 챙긴 사람입니다. 자신만이 소명을 타고난 것처럼 이야기하는 사람들 중에 이런 사람이 많이 있습니다. 이런 사람들은 아주 행복한 사람이라고 할 수 있지요. 일찍이 영국의 철학자 토마스 칼라일은 이런 말을 했습니다.

"자신의 일을 발견한 사람은 이미 대단한 은혜를 입은 사람이다. 그런 사람은 그 이상의 것을 추구해서는 안 된다. 그 일이 그가 평생 추구해야 할 일이기 때문이다. 스스로 찾아낸 일에 열중하는 순간, 그 사람의 영혼은 순식간에 조화를 이룰 수 있다."

그런데 세상의 모든 사람이 그런 소명의식이나 달란트를 선천적으로 발견하는 것은 아닙니다. 사람들은 자라나면서 주위에서 보고 들은 것을 참고삼아 자신의 달란트를 찾아갑니다. 늦게까지도 그것을 찾지 못하는 사람은 훈련을 통해서 그것을 찾기도 합니다. 재능을 찾는 일은 자신을 발견하는 일이면서 세상에 숨어 있는 열쇠를 찾는 일이기도 합니다. 이 일은 너무도 어려운 일이지만 반드시 해야만 하는 일입니다. 뚱보강사는 수없이 어려운 고비를 넘겼고 40살이 되어서야 겨우 그것을 찾았습니다. 그래도 저는 한 번도 절망하거나 후회를 해본 적이 없습니다."

첫 번째 선택 - 회사가 인생이다

뚱보강사는 화면에 다음과 같은 글을 보여주며 말했다.

impossible ··· I'm possible

"여러분 '불가능하다impossible'라는 단어를 이렇게 해석해보면 어떨까요? '나는 가능하다I'm possible'로 바꾸는 것이죠. 둘 다 영어 알파벳은 똑같고 문장 기호와 발음이 같지만 강조점 하나를 바꿈으로써 전혀 다른 뜻이 되었습니다. 뚱보강사는 40살이 넘어서야 이 공식을 깨닫게 되었고 나만의 달란트를 찾았습니다."

그러자 짝, 짝, 짝하고 박수가 터지더니 모두 우우하는 함성을 내질렀다.

"우리가 가진 약점 중 하나는 '불가능'이라는 단어에 너무 익숙하다는 것입니다. 이는 매우 슬픈 결과를 가져옵니다. 대부분의 사람은 습관적으로 지난날의 가난과 결점, 실패, 좌절 따위에 젖어서 성공의 에너지를 거부하고 있는 경우가 많아요.

I'm possible.

큰 소리로 외쳐보세요. I'm possible."

뚱보강사는 I'm possible을 외치며 연단을 떠나 청중들에게로 다가 갔다. 그러자 청중들이 I'm possible을 크게 외쳐댔다.

뚱보강사는 그렇게 너스레를 떨더니 다시 연단으로 돌아갔다.

"여러분, 이제부터 오늘 강연의 주제인 여러분의 첫 번째 선택에 대해 이야기를 하겠습니다. 많은 책이나 성공학 강사들은 자기가 좋아하는 일을 직업으로 삼으면 쉽게 성공할 수 있다고 말합니다. 또 여러분의 주변 친구 중에서 '너는 좋겠다, 전공을 살릴 수 있어서', 또 '넌 하고 싶은 일을 다 할 수 있으니 얼마나 좋니' 이렇게 다른 사람이 하는 업무에 대해서 부러워하는 경우를 본 적이 있을 것입니다.

하지만 뚱보강사는 다른 말을 합니다.

나한테 딱 맞는 직업이 무엇일까? 자신에게 딱 맞는 직업이 하나만

있을 거라고 단정하지 마세요. 여러분이 빠지는 함정 중의 하나가 직업을 생각할 때 한 가지만 생각하기가 쉽지만 딱히 그렇지만은 않습니다. 적성검사를 해보면 각자 어울리는 직업이 최소한 두 가지 정도는 있기 마련이고, 대부분 서너 가지 이상으로 늘어납니다.

우리는 전공을 살릴 수 있다고 반드시 성공하는 것도 아니고 좋아하는 일만 하고 살 수는 더욱 없습니다. 좋아하는 일이 직업이 되면 좋겠지만 틀린 일도 있어요. 어떤 분야의 일을 하건 그것을 받아들이는 자세가 필요합니다. 구체적으로 이야기하자면 이렇습니다. 내가 여행을 좋아한다고 여행 가이드가 되고 요리를 좋아한다고 요리사가 되는 것이 과연 잘 선택한 것일까요? 뚱보강사는 그렇게 생각하지 않습니다. 내가 서비스를 하는 것보다 서비스를 받는 입장이 되는 것이 더 좋지 않을까요? 이처럼 내가 그 일을 좋아한다고 그 일을 직업으로 삼으면 아주 난센스가 되는 경우가 많아요. 가장 잘하고 자신 있는 분야를 직업으로 삼았는데도 그다지 만족스럽거나 행복하지 않은 사람들도 무척 많아요. 이런 현상은 자신이 하는 일이 자신뿐만 아니라 이 세상에서 가장 중요한 일을 하는 것이 아니라는 의심이 일기 때문입니다.

내가 정말로 하고 싶은 일은 무엇인가? 어떤 일을 해야 아침마다 기운이 샘솟아서 발딱발딱 일어날 수 있을까? 무슨 일을 해야 남부럽지 않을 만큼 돈을 벌면서 성취감과 만족감까지 느낄 수 있을까?

그러나 잘하는 일만 하려고 하지 마세요. 사람은 어떤 일이든 적응할 수 있는 능력을 타고납니다. '전공을 잘못 선택했다.', '회사에 3년을 잘못 다녔다.', 그런 탓을 너무 하지 마세요. 이제 와서 어쩔 겁니까?

여기서 뚱보강사는 묻습니다. 자기가 원하는 학과를 전공으로 선택하고, 아무런 갈등 없이 전공을 마친 후, 전공을 살릴 수 있는 기업에 들어가서 즐겁게 회사 생활을 하는 사람이 과연 몇이나 될까요? 나는 전공을 살린 일을 하다가도 몇 년 지나서 이젠 지긋지긋해서 전혀 다른 업무를 하고 싶다고 고백하는 사람들을 종종 봤습니다. 그들은 주어진 업무를 즐겁게 처리하는 것처럼 보이지만 그것이 원치 않는 일인 경우가 많고 그런 현실을 답답해하는 직장인들이 뜻밖에 많습니다.

2007년 6월, 취업 사이트 '커리어'가 직장인 1,558명을 대상으로 지금 다니는 '직장에 대한 애사심' 조사했습니다. 그 결과 응답자의 54.6%가 애사심이 없다고 답했습니다. 그 중 가장 큰 이유가 회사가 너무 이익만 추구해서가 31.1%로 가장 높고, 두 번째는 연봉이 적어서가 12.4%였습니다. 또 회사의 발전 가능성이 작아서 등이었는데 그렇다고 응답자들이 회사를 그만두겠다고 대답한 것은 아니었습니다. 당장 옮겨갈 곳이 없어서가 65.5%로 가장 많았고, 12.1%는 함께 일하는 상사나 동료가 좋아서, 7%는 자신이 하는 일이 마음에 들어서라고 답했습니다.

이 결과를 보면 대부분의 직장인이 직장생활에 만족하고 있지 못하지만 떠나지도 못하는 현실입니다.

아무리 전공을 살려서 취직을 했더라도 직장 초년 시절부터 자기가 하고 싶은 일을 정확히 알아내기란 쉽지 않습니다. 저는 어느 정도 연륜이 쌓이고 성공의 길을 달리고 있는 듯한 직장인들 중에서 지금까지의 경력 대신 새로 회계사나 세무사, 변리사 등의 자격증을 따서 새로운 경력을 쌓고 싶은데 그것이 가능하겠냐는 문의도 심심치 않게 받고 있어요.

여기서 뚱보강사는 여러분에게 선택을 요구합니다.

회사에서 성공할 것인가?

인생에서 성공할 것인가?

이것이 뚱보강사가 여러분에게 요구하는 첫 번째 선택입니다. 인생에는 돌이킬 수 없는 경우가 참 많아요. 로버트 프로스트의 유명한 시 '두 갈래 길'에서처럼 우리는 한 갈래 길을 갈 수밖에 없지요.

회사에서 성공하려면 '회사형 인간'이 되어야 하고 인생에서 성공하려면 요즘 유행하는 '웰빙형 인간'이나 '슬로우 라이프형 인간'이 되어야지요.

하지만 이 길은 두 갈래의 길이면서 한 갈래의 길일 수도 있습니다. 억대 연봉 강의를 하는 뚱보강사는 여러분에게 우선 과감하게 회사형 인간이 되라고 권합니다. 여러분은 회사에서 성공하는 것이 인생에서 성공하는 길이란 것을 믿고 그 길을 선택해야 합니다. 이 자리에서 뚱보강사의 말대로 선택하지 않을 사람은 일어나서 나가도 좋습니다. 수강료는 돌려 드리겠습니다."

청중은 조용할 뿐 아무도 움직이는 사람이 없었다.

"여러분, 뚱보강사가 왜 이렇게 과격하게 선택을 요구하는지 아십니까? 뚱보강사는 원래 조금 무식하고 과격합니다. 다 여러분을 위한 일이니 용서하세요.

여러분은 무엇을 위해, 누구를 위해서 일하는가, 하고 많은 고민을 한 적이 있을 겁니다. 지금 하는 일이 마음에 들지 않으면 때려 치세요. 그것이 여러분의 첫 번째 선택입니다. 만약 여러분이 때려 치지 못하고 그 일을 해야만 한다면 이유가 어찌 되었든 지금 하는 일을 나만의 일, 나의 일로 받아들여 성공을 만들어야 합니다. 일로부터 도망갈 비상구는 없습니다.

사회에 처음 나선 여러분이 직장생활에 적응하기란 쉽지만은 않을 것입니다. 선배사원들이 업무와는 상관없는 사소한 잡무를 시켜서 자존심이 상하는 일도 많습니다. 남자들은 주로 문서 복사 같은 일 때문에 신경이 상하고 여자들은 커피 한 잔 빼달라는 말따위로 자존심이 팍팍 상할 것입니다. 그러나 당분간은 참아내야 합니다. 현대 경영학의 구루로 불리는 피터 드러커는『프로페셔널의 조건』이란 책에서 첫 직장은 복권과 같다며 다음과 같이 말한 적이 있어요.

학교를 갓 졸업한 젊은이들은 자기 자신에 대해서 잘 알지 못한다. 그들은 자신이 큰 기업에서 가장 일을 잘할지, 아니면 작은 기업에서 일하는 것이 더 나을지 알지 못한다. 그들은 자신이 다른 사람과 함께 일하는 것을 좋아하는지 혹은 혼자서 일하는 것을 더 좋아하는지 알지 못한다. 또한 자신이 모험을 필요로 하는 환경에서 더욱 성장할 수 있을지 혹은 그 반대인지에 대해서도 알지 못한다. 자신이 효율적으로 일을 처리하려면 마감에 대한 압박감이 필요한지 혹은 그렇지 않은지, 자신이 의사 결정을 신속하게 하는 사람인지 아니면 뜸들일 시간을 필요로 하는 사람인지 등에 관해서도 아는 것이 거의 없다. 첫 직장은 복권과 같다. 처음부터 자기 자신에게 잘 들어맞는 올바른 직장을 만날 확률은 그렇게 높지 않다. 자신이 어디에 속해야 할지 그리고 어디에서 경력을 쌓아야 할지를 파악하려면 대체로 몇 년의 시간이 필요하다.

첫 업무가 기대에 미치지 못하는 것일 지라도 온 힘을 다해서 임무를 완수하는 능력을 보여주어야 합니다. 다소 마음에 들지 않더라도 직속상사가 자신의 보스임을 잊지 말아야 합니다. 상사가 지시한 일을 정확하게 완수하는 것부터 당신의 경력은 쌓여 나가는 것입니다. 3년차까지 가장 중요한 것은 창의력, 추진력, 그리고 인내심이라는 것을 명심하세요. 또 하나 중요한 것은 주위에서 당신을 주의 깊게 지켜보는 눈이 있다는 것입니다. 그들은 당신의 적응능력과 인내심을 시험하고 있을 것입니다.

여러분 중에는 직장 일에 불만이 많은 경우를 봤을 것입니다. 급여가 너무 적다거나 배울 것이 별로 없다고 말입니다.

2007년 5월, 취업 사이트 '스카우트'가 1,008명의 직장인을 대상으로 '현 직장 업무 만족도'를 조사했습니다. 그 결과 응답자의 75.1%가 만족하지 못한다고 대답했습니다. 불만족 65.5%, 매우 불만족 9.6%였어요. 그런데 30대 이후에 실업자가 될 가능성에 대해서 묻는 질문에 81.2%가 그렇다고 답했습니다. 그런데 놀라운 것은 79.5%가 거기에 대해서 뚜렷한 대책을 가지고 있지 못한 것이었어요. 62.3%가 걱정은 하고 있지만 구체적 대책이 없다, 17.2%가 대비책이 전혀 없으니 배를 째라 였어요. 그렇게 불만이 있는 사람이 뚜렷한 대책도 없었다는 것이 뚱보강사는 놀랍기만 합니다. 그런 사람들은 오히려 본인에게 문제가 있는 경우가 많습니다.

이 시점에 뚱보강사는 묻습니다. 당신은 급여를 이야기하기 전에 회사에 얼마를 벌어주고 있는가? 만약 여러분이 연봉 3천만 원을 가져가고 있다면 회사에는 9천만 원 정도를 벌어주어야 회사로서는 타산이 맞을 겁니다. 3천만 원을 가져가는 사람이 3천만 원만 벌어주고 있다면 그 회사는 문을 닫게 되겠죠. 본인은 3천만 원만 가져가지만 회사가 부담하는 이런저런 것들도 만만치가 않은 금액이라는 것을 알아야 합니다.

그런데 많은 사람은 자신이 얼마를 벌어주고 있는지는 생각하지 않고 많이 가져갈 것만 생각합니다. 나의 시장가치를 제대로 알아야 합니다. 30대 이후에 실업자가 될 가능성이 그렇게 크다면 떠나야 할 준비도 하고 있어야죠. 여러분은 얼마나 준비가 되어 있나요?

뚱보강사는 거꾸로 말합니다. 몸값이 싸더라도 일을 배울만한 직장은 많이 있습니다. 근무환경이 열악하면 열악한 데로 급여가 싸면 싼 데로 배울 점이 많은 것이 직장입니다. 더욱이 첫 직장은 대부분 그렇습니다. 여러분 같은 사회 초년병들 몸값에 수업료가 따라다닌다고 생각하면 아주 좋습니다. 내 몸값은 '연봉 + 수업료'라고 생각하세요. 일을 배우면서 수업료를 내고 나머지만 급여로 받고 있다고 생각하면 아주 즐거운 마음으로 일할 수 있지요. 지금 뚱보강사가 무슨 껌 씹는 소리를 하는 거냐고 속으로 욕하는 사람도 있을 겁니다. 하지만 뚱보강사는 거듭 급여를 이야기하기 전에 나는 회사에 얼마를 벌어주고 있는가를 먼저 생각하라고 말합니다. 나는 연봉 이상의 일을 하고 있는가. 만약 여러분 중에 지금 힘들다고 생각하는 분이 있다면 그 사람은 그 이상 일을 하지 못하고 있다는 증거입니다. 자기 직장을 자기 것처럼 생각하는 경영 마인드가 필요합니다. 회사가 직원을 승진시키는 유일한 기준은 능력과 실적입니다.

여러분은 회사를 위해서 24시간 일하고 있습니까? 그럴 용의가 있어야 합니다. 수업료를 내고 있으니까 더 열심히 일하고 배워야지요. 월급까지 받아가며 공부하고 있다는 것을 깨달아야죠. 1년차가 넘어서면 때로 상사의 지시가 없어도 자신의 능력이 닿으면 일을 처리하는 것이 좋습니다. 승진이나 고임금이 능사가 아닙니다. 거듭 말하지만 회사의 일이 적성에 맞지 않다는 말을 지금도 하는 사람이 있다면 당장 때려 치세요. 인간은 적응능력이 아주 뛰어난 존재이기 때문에 모자란 부분은 학습을 통해서 보완해 나갈 수 있습니다. 인간은 타고난 재능과 학습을 통해서 완성되는 존재입니다. 무슨 일을 하건 3년만 일에 미쳐 보세요. 그러면 연봉 이상의 일을 할 수 있게 됩니다. 이건 스스로 경영자 마인드를 도입하라는 소리입니다. 회사의 일을 나의 일처럼 하다 보면 성과도 쑥쑥 오르고, 그때는 헤드헌터들이 눈에 불을 켜고 달려올 겁니다. 너무 조급하게 생각하지 말고 첫 직장은 느긋하게 즐기세요."

오늘의 멘토 - 앤드류 카네기

뚱보강사는 잠시 청중을 둘러보다가 말을 이었다.

"뚱보강사는 늘 직장인의 본보기로 철강왕 앤드류 카네기의 예를 듭니다. 오늘의 멘토는 카네기입니다. 어떤 사람들은 왜 100년도 더 된 구닥다리 인물을 들먹이느냐고 타박도 하지만 그렇지가 않아요. 19세기 말에 철강산업은 20세기 말에 빌 게이츠가 한 컴퓨터 사업처럼 첨단산업이었어요. 당시 그만큼 첨단을 걸었던 사람도 없어요. 카네기는 거의 무학에 가까웠지만 시대의 흐름을 누구보다 빨리 읽는 독수리 같은 눈과 누구보다도 빨리 낚아채는 독수리 같은 부리와 발톱이 있었어요. 카네기하면 세계 최고의 부를 이룬 사람이니까 직장생활 같은 것은 안 해보았으리라 생각하는 사람들이 많은데 전혀 그렇지가 않아요. 그 이전에 그는 가장 성실한 직장인이었지요. 그는 정상에 오른 사람은 무엇이 다른가를 보여준 인물입니다. 카네기는 여러분이 벤치마킹해야 할 최고의 인물 중 하나입니다. 이야기가 조금 긴 편이니까 화면을 보면서 진행할게요."

뚱보강사는 막 산업화가 시작되는 미국의 19세기 중반을 화면으로 보여주기 시작했다.

화면은 남북전쟁이 끝나고, 링컨 대통령이 암살을 당하고, 장례식을 치르는 장면을 사진과 동영상으로 보여주었다.

그 무렵의 미국은 골드러시와 석유개발로 북새통을 이루고 있었다. 대륙횡단 철도가 가로 놓이고 에디슨을 비롯한 발명가들이 무수한 발명품을 쏟아놓아서 바야흐로 미국은 구대륙의 식민지에서 벗어나 신세계로 거듭나고, 세계의 변방 국가에서 중심국가로 부상하고 있었다.

그 무렵 카네기는 그 중심에 서 있으면서 미국의 도약을 진두지휘하는 대사업가로 성장하고 있었다.

화면은 유럽을 떠나는 이민자를 실은 배들과 그들이 뉴욕에 도착하는 장면을 보여준다. 카네기 가족들의 사진이 비치고 카네기의 어린 시절을 소개하기 시작했다.

카네기의 시작은 아주 미약했다. 스코틀랜드 출신 이민자의 아들인 카네기는 피츠버그시의 전보 배달 소년이었다. 그곳에 온 지 얼마 안 된 카네기는 배달 구역의 지리를 잘 몰랐다. 그는 세계 제일의 배달부가 되기로 결심했다. 그래서 서둘러 거리 이름과 주민들 이름을 기억해야겠다고 생각했다. 당시 피츠버그는 인구가 약 4만 명이었다. 카네기는 전보 배달을 하면서 자기만의 방식으로 메모해 그 도시 안의 거리 이름, 가게 이름, 사업체 이름은 물론 고객들의 이름까지도 모두 달달 외워나갔다. 전보배달이 없을 때에도 거리를 누비고 다니며 직접 현장에서 주민들의 이름을 외웠다. 그러자 오래지 않아 눈을 감고도 다 외울 수 있게 되었다. 그다음 단계는 사람들의 얼굴을 익히는 것이었다. 특히 그는 자주 전보를 애용하는 사업가들과 유지들의 신원을 낱낱이 파악해 나갔다. 그것은 배달부로서 마땅히 알아두어야 할 조건이라고 생각했기 때문이었다. 언제 누구에게 전보가 올지 모르므로 철저하게 준비해 놓고 싶었던 것이다. 이 일은 훗날 카네기가 피츠버그에서 사업하는데 엄청나게 큰 자산이 되었다. 그는 이미 인물 DB를 구축해 놓은 것이어서 경쟁자들보다 항상 유리한 선택을 할 수 있었던 것이다.

얼마 뒤, 피츠버그 사람 중에 전보 배달부 소년 카네기를 모르는 사람이 없었다.

그 당시 전보 배달부 소년들은 전신 기사들이 출근하기 전에 일찍 출근해서 기술실 청소를 해야 했는데 여기서 기회를 놓치지 않는 카네기의 천성이 발동했다. 그는 절호의 기회를 놓치지 않았다. 매일

같이 남들보다 먼저 출근하고 늦게 퇴근하면서 전신 기기들을 만지기 시작했다. 전보를 치는 데 필요한 전신 기술과 기계 작동 방법, 언어 등을 습득했고, 마침내 다른 전신국과 통신을 하는 데 성공했다. 그것을 본 직장 상사들은 그의 실력을 인정했다. 그렇게 해서 카네기는 배달부에서 당당히 전신기사로 변신했다.

그 무렵 카네기는 펜실베이니아 철도회사의 피츠버그 지부의 감독관인 토머스 A. 스콧을 만나게 된다. 스콧은 19세기 중반, 미국 개척 시대를 이끈 유명한 개척자 중의 한 사람으로서 대단히 명석한 두뇌의 소유자였다. 스콧은 철도공사 관계의 일로 더러 밤중에도 급하게 전보를 주고받을 일이 많았던 까닭에 밤에 전신국에 들리는 일이 잦았다. 카네기는 그의 전보를 처리해주면서 자연스럽게 친해졌다.

스콧은 전신국을 드나들면서 철도사업에 전보 시스템을 도입하면, 철도 운행의 속도가 매우 빨라질 것이란 판단을 했다. 그는 우선 자신이 구상한 독자적인 전보통신 네트워크를 운영할 수 있는 전보 통신사가 필요하다는 생각을 했고 진취적이고 재기 발랄한 카네기를 스카우트했다. 카네기의 나이 18살 때의 일이다.

전신 기사로서 펜실베이니아 철도 회사로 출근을 시작한 카네기는 그때부터 스콧을 도우며 대사업가로 변신해 나가기 시작한다.

당시는 철도가 놓이던 초창기여서 열차의 탈선이나 고장이 잦았다. 사고 원인은 주로 선로의 재료가 나쁜데다가 부설 방법 또한 좋지 못한 데 있었다. 철로는 나무에다 철판을 뒤집어씌워서 깔았는데 철제가 아주 약해 철판 그 자체가 곧잘 벗겨져서 사고를 일으키곤 했다. 심지어 기차가 지나가면 그 철판이 돌돌 말려서 객차 안으로까지 뚫고 들어오는 일도 있었다. 그렇게 해서 승객들이 크게 다치거나 때로 목숨을 잃는 일조차 있었다.

또한 철도관리 체제도 걸음마 단계였던 탓에 철도업계에 종사하는 사람들도 훈련이 안 돼 사건 사고가 잦았다. 1853년 업무 일지를 보면 거의 150여 건의 비슷한 사고가 일어난 것으로 나타나 있다.

그래서 스콧은 거의 매일 밤 사고 현장에 나가 지휘를 해야 했고 그런 다음 날이면 늦게 출근할 때가 잦았다.

그러던 어느 날이었다. 카네기가 아침에 사무실에 나가보니 동쪽 라인에서 심각한 사고가 발생해서 열차들이 뒤엉켜 있었다. 카네기는 기차의 운전 상황을 살펴보았다. 하행 기차는 대피선에 들어가 기다리고 있었고, 상행 기차는 커브 구간마다 신호수가 달려가서 선로를 확인하느라 서행하고 있었고, 화물열차는 양방향 모두 대피선에 정지해 있었다.

카네기는 이런 상황에서 어떻게 행동하면 좋을까 생각했다. 자신은 그 문제를 해결할 수가 있다. 사태를 바로잡으려면 '열차 운행 지시'를 내리면 된다. 하지만 책임자인 스콧이 없다. 방법은 스콧의 이름으로 명령을 내려서 기차를 움직이게 하는 것이다. 그러나 만약 실패한다면? 실패하면 내쫓기는 것은 물론 형사처벌도 감수해야 할지 모른다. 실패할 가능성이 없다고도 할 수 없었다.

그러나 그는 결심했다. 그의 눈은 각 열차의 움직임을 주시하고 있었고, 그의 손은 전신기의 키를 잡고 스콧의 이름으로 신호를 보내기 시작했다. 그러자 역에서 역으로 열차가 이동하기 시작했고 얼마간의 시간이 지나자 열차 운행은 정상을 되찾았다.

몇 시간 뒤, 스콧이 사무실에 들어섰을 때, 모든 기차는 정상으로 움직이고 있었다.

"사고가 또 났었다고? 지금 어떤 상태지?"

사고 소식을 듣고 사무실에 도착한 그가 물었다. 카네기는 두려워했던 순간을 마주치자 사실을 조심스럽게 털어놓았다.

"스콧 씨, 제가 스콧 씨 이름으로 지시를 내렸습니다."

"그래. 문제는 지금이야! 동부행 급행열차는 어디에 있지?"

카네기는 아무 말 없이 명령을 내린 지시문을 내밀었다. 거기에는 현재 운행 중인 모든 열차의 위치가 나타나 있었다. 스콧은 지시문을 뚫어지게 들여다본 다음 카네기의 얼굴을 물끄러미 들여다보았다. 카네기는 그의 얼굴을 마주 볼 용기가 없어서 딴 곳을 바라보았다. 스콧은 아무 말도 하지 않고 자기 자리로 가서 자기 일을 시작했다. 그것으로 끝이었다. 그는 카네기가 한 일을 칭찬해 줄 수도 그렇다고 야단을 칠 수도 없는 상황이었던 것이다.

그 일이 있은지 며칠 후, 화물계 직원 한 사람이 사무실로 스콧을 찾아왔다. 마침 그는 자리에 없었다. 화물계 직원은 카네기에게 말을 걸었다.

"자네가 보통이 아니라면서?"

카네기는 긴장하며 그를 올려다보았다.

"무슨 말씀인지요?"

"지난번 기차 사고 때 자네가 일을 처리했다면서?"

"아, 예."

"스콧 씨가 아주 자랑스레 말하더군. '내가 데리고 있는 스코틀랜드 꼬마가 어떤 일을 해냈는지 알아? 글쎄, 그 꼬마가 모든 선로의 기차를 움직였어. 아마 내가 직접 했어도 그만큼 잘 해내지는 못했을 거야.' 하면서 스콧 씨는 자네를 무척 칭찬하더군."

카네기는 그 말을 듣고 무척 기뻤다. 그 뒤, 카네기는 스콧이 없을 때 사고가 생기면 대담하게 지시를 내렸다.

얼마 후, 스콧이 2주일 동안 사무실을 비우는 일이 생겼다. 그는 떠나면서 뒷일을 모두 카네기에게 맡겼다.

세계 굴지의 부호가 된 카네기에게 신문 기자가 찾아와 말했다.

"성공의 비결이 무엇이었는지, 젊은이들을 위해 말씀 좀 해 주십시오."

카네기는 웃으면서 대답했다.

"어떤 직업을 택하든 끊임없이 그 직업의 1인자가 되겠다고 다짐하는 것입니다. 그 직장에 없어서는 안 될 사람이 되라는 뜻이죠."

카네기는 이어서 이렇게 덧붙였다.

"그것은 내 체험에서 얻은 확신입니다."

"그 체험을 구체적으로 말씀해 주시겠습니까?"

기자가 부탁하자 카네기는 진지하게 말했다.

"나는 집이 가난해서 열두 살에 방적 회사의 보일러공으로 취직했습니다. 공장에서 제일가는 화부가 되겠다고 결심하고 열심히 일했지요. 성실하게 일하는 태도를 보고 어떤 사람이 우편배달부가 되도록 추천해 주었습니다. 그때도 나는 미국에서 제일가는 우체부가 되겠다고 결심하고 한 집 한 집 번지와 이름을 암기했기 때문에 배달 구역 내에서라면 모르는 골목이 없을 정도가 되었지요. 이런 노력이 결코 헛되지 않아 나는 사람들에게 인정받는 우편배달부가 되었답니다. 그것을 또 높이 사는 사람이 나타나서 곧 전신기사로 채용되었지요. 그런데 거기에서도 역시 일인자가 되겠다는 각오로 노력을 게을리하지 않았기 때문에 결국 오늘의 철강왕이 될 수 있었지요."

"여러분 잘 보셨나요?"

화면이 정지하자 뚱보강사가 물었다.

"예!"

청중들이 대답했다.

"카네기의 직장 생활에서는 정말 배울 것이 많습니다. 그는 자기 밥그릇은 자기가 챙긴다는 것을 여실하게 보여주고 있지요. 우연한 기회에 전보배달부를 시작했지만 전신기사, 철도사업, 철강사업 등 19세기의 최첨단사업을 두루 섭렵한 순발력을 지닌 입지전적인 인물입니다. 어린 시절의 카네기는 자기의 적성이나 소질 따위를 생각할 겨를도 없이 먹고살기 위해서 일을 해야 했습니다. 카네기는 그런 환경 속에서 최고가 되는 길만이 성공하는 방법이란 것을 몸으로 체득하고 실천을 한 것입니다.

어떠한 환경 속에 놓이더라도 최선을 다하면 그 분야의 최고가 될 수 있다는 것을 그는 온몸으로 보여준 사람입니다. 요즘에야 우리들의 생활환경이 나아져서 자신의 재능에 맞는 학과를 선택하고, 거기에 맞는 직장과 직업을 선택할 수 있게 되었지만, 얼마 전까지만 해도 태어나는 것 자체로 운명이 결정되던 시기가 있었다는 것을 우리는 생각해야 할 것입니다. 물론 가장 행복한 사람은 일찍부터 자신의 재능을 알고 그것을 계발해서 자기분야의 자기 세계를 구축하여 일가를 이룬 사람이겠죠. 그래서 여러분은 카네기보다 좀 더 자유로운 환경에서 태어나 앞날을 자기 마음대로 꿈꿀 수 있는 행복한 처지에 있다고 생각하고 최선을 다해서 자신의 재능을 계발해야 할 것입니다.

여러분이 카네기를 닮은 행동만 한다면 반드시 억대연봉을 받을만한 자격이 있습니다. 아마 카네기에게는 억대연봉이 문제가 아니었을 겁니다. 그는 몸값뿐만 아니라 엄청나게 큰 저택의 집값까지도 받아낸 전무후무한 인물일 겁니다.

하지만 당시의 카네기는 자신이 대사업가 카네기가 될 줄을 꿈에도 모르고 있었습니다. 다만 주어진 상황에서 최선을 다하는 정신을 가지고 매진했던 겁니다. 훗날 그는 이런 말을 했어요.

"게으름쟁이일수록 일하는 모습을 보이려고 갖은 수단과 꾀를 다 부려서 자기의 게으름을 감추려고 한다. 그러면서 자신은 게으름쟁이라고는 생각지 않고 세상이 자기를 잘 써 주지 않는다고 불평을 한다. 그러나 세상에는 눈먼 사람만 있는 것이 아니다."

카네기다운 말이죠. 우리는 카네기에게서 부지런함뿐만 아니라 기민함과 창의력을 배워야 합니다. 억대연봉자가 되려면 회사의 상황, 이 시대에 무슨 일이 일어나고 있는지를 알아야 합니다. 하지만 월권은 안 됩니다. 특히 다른 부서의 영역은 침범하지 말아야 합니다. 카네기는 창조적 능력과 판단력으로써 자기 영역을 확장시킨 것이죠. 그 후 카네기가 록펠러와 더불어 세계 최고의 갑부가 된 일은 잘 알려진 일이니까 이만 줄이고 이제부터는 달걀 이야기를 하겠습니다."

수정란이냐? 무정란이냐?

뚱보강사는 화면에 달걀 2개를 비추기 시작했다.
"여기 달걀이 2개 있습니다. 이 2개의 달걀은 같은 모양의 달걀이지만 완전히 다른 성질을 가지고 있습니다. 무엇이 다를까요?"
청중들은 달걀의 생김새를 유심히 살피기 시작했다. 2개의 달걀은 아주 똑같은 모양을 하고 있었다.

"무엇이 다를까요?"

청중석에서 조그맣게 수런거리는 소리가 있었지만 크게 답을 외치는 소리는 없었다.

"힌트를 드리자면 저 계란들이 똑같아 보이지만 완전히 반대의 처지에 있습니다. 유와 무처럼."

그러자 여기저기서 무정란, 수정란, 하고 소리를 질렀다.

"맞습니다. 이 2개의 달걀은 겉으로는 같아 보이죠. 영양 면에서 볼 때도 조금의 차이는 있을지 모르지만 무시해도 좋을 정도라고 합니다. 하지만 안을 들여다보면 전혀 다른 존재입니다. 하나는 부화가 되는 생명체이고 하나는 생명이 없는 존재라는 것입니다. 이것은 유와 무의 극을 달리는 전혀 다른 존재입니다. 그런데 여러분 저는 겁이 납니다. 여기 앉아 있는 여러분 중에도 서로 이런 차이가 나는 사람이 있을까 보아서요. 여러분은 어떤 달걀이 되고 싶습니까?"

"수정란이요."

"그렇습니다. 여러분은 수정란이 되어야 합니다. 생명이 되어야 합니다. 뚱보강사가 도와드리겠습니다. 이 세상에 태어나 생명이 되는 존재는 이 세상을 움직일 사명이 있습니다. 이 뚱보강사는 감히 여러분에게 생명을 주는 것을 사명으로 삼고 있습니다. 사명을 가진 사람은 달란트를 가진 사람이고 살아갈 이유를 가진 사람입니다. 여러분, 승부는 입사 3년 만에 결정됩니다. 달란트를 찾는 것도 그것을 확인하는 것도 억대연봉을 받을 수 있는 것도 백만장자, 천만장자, 억만장자가 되는 것도 말입니다. 20대에 벌어진 격차는 무정란과 수정란의 차이를 만들어 냅니다. 이 격차는 평생 만회할 수 없습니다.

이따금 취업특강을 하는 곳에 가보면 '면접요령', '취업요령' 따위를 가르치고 학생들이 거기에 많은 신경을 쓰고 매달리는 것을 자주 보게 되는데 뚱보강사는 그런 요령을 가르치지 않아요. 그럴 필요가 없다고 생각합니다. 이력서 작성요령과 면담요령 등은 상품에 비유하면 '포장'에 해당하는데 뚱보강사는 포장에 신경 쓸 것이 아니라 콘텐츠에 신경을 써야 한다고 생각합니다. 아무 내용도 없이 포장에만 신경을 쓰고 기교만 부린다면 수정란이 될 수 없어요. 과거 산업화 사회에서는 어떤 사람의 능력을 판단하는 기준이 규격품 또는 관리형 인재였으므로 비슷한 능력이라면 포장이 잘된 모범생, 또는 규격품 인재를 선호했지만, 정보화 사회에 들어선 지금은 그런 것이 통하지 않아요. 이 시대는 창조성이 뛰어난 이단아 또는 사업가형 기질의 인재를 선호하죠. 이런 시대의 흐름을 받아들이지 못하고 면접요령 등과 같은 기교나 포장에만 신경 쓴다면 진정한 억대연봉자로 자라날 수 없습니다. 여러분 억대연봉을 받는 것은 시작에 불과하다는 것을 명심하세요.

여러분에게 포장이 아닌 콘텐츠를 찾는 일화를 하나 소개하렵니다. 그리스의 철학자 소크라테스의 이야기를 할게요. 소크라테스의 아버지는 조각가였는데 상당히 멋진 사람이었던 것 같습니다. 그는 아들에게서 어떤 싹수를 보았는지 세상에 숨어 있는 열쇠를 찾는 일을 멋지게 제시해 주었습니다.

어느 날, 소크라테스의 아버지는 작업장에 찾아온 아들에게 물었습니다.

"아들아. 너는 저것이 무엇으로 보이느냐?"

아버지가 가리킨 것은 작업장 한가운데 놓여 있는 커다란 바윗덩어리였습니다.

"바위요."

그러자 아버지는 빙긋이 웃으면서 고개를 끄덕였어요. 아버지의 그런 모습을 보고 아들은 고개를 갸웃했답니다. 아니, 왜 아무것도 아닌 바위를 보고 저것이 무엇으로 보이느냐고 물으시는 거지, 하고 말이지요. 그런데 그날부터 아버지는 바위를 다듬기 시작했어요. 바위는 아름다운 여인상으로 변했지요. 그는 아들을 불러서 다시 물었습니다.

"아들아. 너는 저것이 무엇으로 보이느냐?"

"아름다운 여인이요."

"그래. 바위 속에 아름다운 여인이 숨어 있었구나."

아버지는 소크라테스에게 평범한 바위 속에 그런 가능성이 숨어 있다는 것을 가르친 것입니다. 이것이 소크라테스의 아버지가 아들에게 보여준 세상에 숨어 있는 열쇠였죠. 소크라테스는 그 가르침을 따라 세상에 숨어 있는 진리를 찾아 평생을 바쳤습니다. 나는 여러분에게도 돌 속에 숨어 있는 아름다운 여인상을 찾아내서 조각할 수 있는 재능을 찾아낼 수 있는 능력이 있다는 것을 말씀드립니다. 이것이 오늘 강연의 열쇠이기도 합니다."

열쇠를 찾아라

"여러분은 열쇠를 몇 개나 가지고 있습니까? 주머니에 있는 것을 꺼내 보세요."

뚱보강사가 주문하자 모두들 부스럭거리며 주머니와 지갑, 가방에서 열쇠를 꺼낸다. 어떤 이들은 꺼낸 든 열쇠뭉치를 높이 쳐들고 휘휘 내젔기도 한다.

"여러분이 꺼낸 열쇠는 대게 집, 자동차, 사무실, 서류함, 금고, 창고, 오토바이 열쇠일 것입니다. 그것 중에서 여러분의 미래를 열어 줄 열쇠가 있습니까? 있습니까?"

뚱보강사는 거듭 독촉하듯 물었다.

"없습니다."

있다고 대답하는 소리는 별로 들리지 않았다.

"없을 것입니다. 집은 부모님의 것일 겁니다. 여러분이 몰고 다니는 차도 본인이름으로 되어 있더라도 부모님께서 사 주신 것이거나 회사 것일 겁니다. 사무실, 서류함, 금고, 창고 모두 여러분의 것은 아닙니다. 오토바이 정도는 여러분의 소유일 수는 있겠지만, 그것이 여러분의 미래를 열어주지는 않죠. 이제 실질적인 이야기로 돌아갑시다. 일류대학을 나왔다고 취직이나 승진이 잘 돼서 억대연봉자가 되는 것은 아니란 것을 알고 있는지 모르겠네요. 일류대학 출신이라고 취직이 잘 되는 것은 아닙니다. 여러분 중에 일류대학 출신이 많지만 취직을 쉽게 한 것은 아닐 것입니다. 통계에 의하면 오히려 일류대학 출신들의 취업률은 일반대학 졸업자들보다도 낮습니다. 그것은 명문대 출신일수록 까다롭게 직장을 구하기 때문이지요. 내가 어떻게 구멍가게 같은 곳에 갈 수 있겠어, 이거지요. 물론 일류대학 나와서 버젓이 대기업에 취직한 사람들은 좋은 직장에 다니니까 시작도 좋고 멋지지요. 하지만 직장에 나가면 이건 장난이 아닙니다. 실적경쟁, 충성경쟁, 승진경쟁 등등 항상 초긴장 상태에서 일해야 합니다. 거기에는 비슷한 조건의 경쟁자들이 바글바글합니다. 경기만 조금 안 좋으면 구조조정에 신경 써야 하고 동료보다 승진에서 밀리면 자존심이 팍팍 구겨집니다. 그것은 어찌보면 인간의 삶이 아닌 로봇의 삶처럼 보이기도 합니다. 그렇다고 다 살아남는 것도 아니죠. 그들은 살아남으려고 피나게 일하지만 IMF 때 보았듯이 회사는 평생을 지켜주는 울타리가 되지 못합니다.

　문제는 또 있습니다. 일류대학 출신들은 주로 기획, 재무, 관리 같은 일에 투입이 되는데 그런 자리는 큰돈을 만지는 자리일지는 몰라도 그 돈이 자기 것이 되는 자리는 아니라는 것입니다. 그리고 더 중요한 것이 있어요. 일류대학 출신들은 높은 급여에 좋은 대접을 받는 탓에 현실에 안주하는 편입니다. 그들에게는 많은 기회가 다가오지만 모험을 하지 않지요. 물론 그들이 억대연봉을 받는 데는 문제가 없는 경우가 많아요. 하지만 이 뚱보강사는 여러분에게 억대연봉이나 받으라고 이 강의를 하는 것은 아닙니다.

잘 들으세요. 이것은 주제에 어긋나는 이야기를 하는 것이 아닙니다. 여기 계신 여러분은 앞으로 며칠만 이 뚱보강사가 시키는 대로 하면 3년에서 7년 안에 억대연봉자가 될 수 있습니다. 그런데 여러분은 억대연봉자가 되면 거기서 끝낼 겁니까? 그러면 여러분의 청춘이 너무 아깝지요. 그다음에도 계속 그런 생활에 만족하고 살 것입니까?'

"아니요."

청중들이 한목소리로 외쳤다.

"그렇지요. 거듭 말하지만 뚱보강사는 여러분에게 자신의 달란트를 발견하고 세상에 숨어 있는 열쇠를 찾아서, 세상을 바꾸어 놓으라고 부탁하고 있는 것입니다. 바위 속에 숨어 있는 아름다운 여인상을 찾기 바랍니다."

그러자 좌중에서 뜨문뜨문 박수가 이어지더니 모두 우우 소리를 지르며 물결 치는 박수로 호응했다.

"일본에서 '경영의 신'으로 존경받는 마쓰시타 고노스케는 '내가 성공한 3가지 이유'를 이렇게 말하고 있습니다.

나는 신이 내려주신 3가지 은에 덕분에 크게 성공할 수 있었다.

첫째, 집이 몹시 가난해 어릴 적부터 구두닦이, 신문팔이 같은 고생을 통해, 세상을 살아가는 데 필요한 많은 경험을 쌓을 수 있었다.

둘째, 태어났을 때부터 몸이 몹시 약해, 항상 운동에 힘써 왔기 때문에 건강을 유지할 수 있었다.

셋째, 나는 초등학교도 못 다녔기 때문에 모든 사람을 다 나의 스승으로 여기고 누구에게나 물어가며 배우는 일에 게을리하지 않았다.

어떻습니까? 여러분. 숙연함이 느껴지지 않나요? 여러분 중에는 마쓰시타 고노스케처럼 어려운 환경에서도 아랑곳하지 않고 굳세게 미래를 향해 돌진하고 있는 청년들이 있을 겁니다. 나의 아버지는 내가 어렸을 적에 이런 말씀을 종종 해 주셨습니다.

"사람은 누구나 칼집을 가지고 있지. 그 칼집 속에는 명검이 들어 있어. 그런데 아무도 그 속에 그런 칼이 들어 있는 줄을 몰라. 어떤 사람은 그게 칼집인 줄도 잘 모르고 죽어. 네가 진짜 훌륭한 사람이 되려면 칼집에서 그것을 꺼내 쓸 줄 알아야 한다."

정말 멋진 말이죠. 여러분의 가슴에도 새겨두도록 하세요. 농구에서는 '퍼센트 슛'이란 게 있습니다. 3점 슛이든 덩크슛이든 과녁에 정확하게 쏘아 올려야 합니다. 그런 인재에게는 일자리가 없는 것이 아니라 널려 있습니다. 이것으로 세미나의 첫날 강의를 마칩니다. 내일부터는 '퍼센트 숏'을 제대로 쏘는 본격적인 억대연봉 강의로 들어가겠습니다."

세미나장 부근의 생맥줏집에서

세미나가 끝나자 같이 강의를 듣던 잡지사 기자는 내게 뚱보강사를 소개했다.

"강의 잘 들었습니다."

"반갑습니다. 저는 선생님 책의 열렬한 독자입니다."

내가 인사를 하자 뚱보강사는 그렇게 받았다.

그는 목도 컬컬하고 시간도 늦었으니 생맥주를 마시러 갈 것을 제의했다. 기자와 나는 동의를 했고 우리는 그를 따라나섰다.

세미나장 부근의 생맥줏집은 젊은이들로 북적거렸다. 그들 중에는 세미나를 듣고 삼삼오오 그곳을 찾은 젊은이들도 꽤 있는 듯했다. 우리가 자리를 잡고 술을 마시기 시작하자 건너편에 앉았던 몇몇 젊은이들이 뚱보강사를 찾아와 자신의 궁금증과 신상문제에 대해 의논을 하다가 자연스럽게 합석을 하게 되었다. 우리는 늦게까지 자리를 같이하면서 담소를 나누었는데 끝까지 남은 이들이 전영표, 이명우, 손태란, 최진철, 이정희, 김범수, 박한덕 등 7명이었다. 나중에 그들은 스터디 그룹의 멤버가 되었다.

신입사원 생존 10계명

1. 100% 만족하는 직장은 없다. 지금 최선을 다하라.

2. 기다리는 사람이 되지 말고 찾아서 일하라.

3. "모릅니다. 가르쳐 주세요."라는 말을 입에 달고 다녀라.

4. 애교 있는 사람이 되라.

5. 승부 근성을 가져라.

6. 일 잘하는 선배의 모방자(Copycat)가 되라.

7. 자신만의 이미지를 만들어라.

8. 수시로 평가받고 있음을 잊지 마라.

9. 무작정 불평하는 대신 '건설적인 투덜이'가 되어라.

10. 승진하는 그날을 준비하라.

자료 : LG경제연구원

SECTION 02

목표가
사람을
만든다

Business Man Income Economics

사람이 재능을 갖고서도 그것을 발휘하지 못하면
그의 인생은 실패한 것이다.
만일 모든 재능을 발휘하는 것을 터득했다면
그는 훌륭하게 성공한 것이다.

토마스 울프

따분한 직장생활, 그러나

매일 회사와 집을 오가는 평범한 일상. 직장생활 1년차인 한덕은 따분했다. 그가 하는 일은 관리부서의 일인데 말단직원이라서 주로 회사의 허드렛일, 남이 한 일의 뒤치다꺼리가 자주 맡겨진다. 불만을 피력할 처지도 아니고 달리 뾰족한 방법도 없어서 괴롭고 따분하다. 그렇다고 지금 하는 일이 아주 마음에 들지 않는 것은 아니다. 그는 상사들의 서류를 복사해 주거나 판촉물 따위를 배포하고 다닐 때도 즐거운 마음으로 했다. 서류를 복사하면서 기계적으로 복사만 하는 것이 아니라 그것의 내용을 찬찬히 읽어보면서 상사들이 무슨 일을 하는지 파악했다. 또 판촉물 따위를 배포할 때도 소비자들과 대화를 나누며 소비자들의 심리를 파악하는 것을 게을리하지 않았다.

그는 어려서 부모를 여읜 탓에 고아원에서 자라났다. 그래도 학교 성적이 좋아 중상위권 대학을 나올 수 있었고 웬만큼 알아주는 기업의 관리부서에 다니고 있다.

그에게는 하나의 신조가 있다. 어린 시절을 불우하게 자랐지만 자신이 헤쳐나가는 인생은 아주 빛날 것이라는. 그는 매우 낙천적인 성격의 소유자여서 매사를 낙관적으로 보는 버릇이 있었다. 적어도 내년부터는 자기 위치를 확실하게 찾아서 폼 나게 일하리라는 각오를 하고 있었다. 하루에 한 번쯤은 5년, 10년 후, 성공한 자신의 모습을 그려보면서 스스로 감동한다. 그는 『신념의 마력』이나 『시크릿』 같은 책에 나오는 신념으로 '그림 그리기'를 하면 성공할 수 있다는 이야기를 믿는 편이다.

그런데 문제는, 자신은 제대로 그림 그리는 방법을 모른다고 생각하고 있다는 점이다. 그는 좀 더 빨리 그 그림에 다가서고 싶지만 현실은 어쩐지 불안하기만 하다. 그래서 그는 뚱보강사의 세미나에 참석하게 되었다.

오늘은 뚱보강사의 세미나 둘째 날.

한덕은 업무가 끝나자 서둘러서 회사를 빠져나와 조금은 설레는 마음으로 세미나장에 도착했다.

오늘의 주제는 '목표가 사람을 만든다.'이다. 한덕은 주최 측이 나누어 준 자료를 들여다보며 공감이 가는 글에 밑줄을 긋는다.

- 자신의 비전과 사명을 깨닫고 목표를 정립하라.
- 목표는 1년, 5년, 10년 단계적으로 설정한다.
- 목표가 이끄는 삶을 살아라.
- 목표를 달성하기 전에 행복할 수는 없다.

이미 어디선가 많이 본 듯한 글귀지만 알듯하면서도 이런 글을 만나면 우선 답답해진다. 어떻게 목표를 정하고 그 목표를 어떻게 달성해야 할지 조금은 막막하다. 뚱보강사가 좋은 방법을 가르쳐 주었으면 좋겠다는 생각을 하면서 연단을 바라본다.

범수는 직장생활 2년차다.

그는 직장이 정말 마음에 들지 않는다. 회사를 옮겨야겠다고 작심을 하고 있는데 마땅히 갈 곳도, 오라는 데도 별로 없다. 재수하고, 군대 다녀와서 나이도 먹었고, 장남인 탓에 집안에서는 장가를 가라고 성화인데 지금 다니는 회사 명함을 가지고는 어디 내밀기가 창피하다. 회사가 장래성이 있거나 이름이 있는 것도 아니다. 월급은 그야말로 쥐꼬리만큼 주면서 상사들은 비전도 없고 고리타분하고 잔소리가 심해서 죽을 맛이다.

'어떻게 상황을 바꿀 것인가?

'발전하는 업종, 발전하는 회사를 선택해야 한다.'

'아니 그것보다도 내 능력을 계발해야 한다.'

범수는 그렇게 조바심을 치며 끙끙거리지만 자신의 능력을 계발할 어떤 노력도 기울이지 않고 있다. 퇴근을 하면 습관처럼 친구를 만나고 술을 마시거나 당구를 치며 놀기에 바쁘다. 그렇다고 연애를 하는 것도 아니고 새벽에 일찍 일어나서 운동을 하거나 영어 학원 같은 곳을 다니는 것도 아니다. 그러면서 회사에 나가면 당장 때려치우고 싶은 마음이 일어나고 혼자서 전전긍긍하는 세월을 보내고 있다.

그러던 어느 날 인터넷 서핑을 하다가 뚱보강사의 세미나 기사를 읽고 이거다 싶어서 접수를 하고 세미나를 듣게 되었다. 족집게 도사나 강사처럼 고액연봉자로 가는 진로를 잡아내 줄 것이란 기대를 한 것은 아니지만 그는 세미나에 많은 기대를 했다.

첫날 강의는 유익하고 재미있었다. 무엇보다도 그의 태도가 긍정적이고 낙천적인 것이 마음에 들었다. 또 세미나가 끝나고 맥주를 마시게 된 비슷한 처지의 젊은이들도 무척 좋은 동지가 될 것이라는 믿음이 생겨서 좋았다.

그가 다소 설레는 마음으로 업무를 정리하고 있을 때였다. 부장이 자리에서 그를 불렀다. 지난달 업무보고가 엉망이라는 질책이었다. 부장은 다시 업무보고를 올리라고 명령했다. 그는 짜증이 났지만 속으로 꾹 눌러 담고 파일을 다시 정리해서 업무보고를 하고 나니 시간이 늦었다. 그는 헐레벌떡 세미나장으로 달려갔다.

"어머, 안녕하세요?"

세미나장 입구에서 마주친 여자가 반갑게 인사를 했다. 바쁜 걸음을 옮기던 범수는 인사하는 여자를 쳐다보았다. 어제 세미나가 끝나고 맥주를 같이 마신 일행 중의 한 사람인 이정희라는 여자였다. 두 사람은 어제 마주 앉아서 술을 마신 탓에 금세 친해졌었다. 그는 상큼한 그녀의 모습이 마음에 들어서 반가웠다.

"늦으셨네요."

여자가 말했다.

"예. 회사에 일이 많아서요."

"저도요."

두 사람은 마주 보고 웃다가 세미나장으로 들어섰다. 어찌 된 셈인지 안에는 자리가 하나도 남아 있지 않았다. 뚱보강사의 인기를 실감

한 두 사람은 통로에 임시로 준비한 의자에 나란히 앉았다. 행사 요원이 두 사람에게 준비된 자료를 나누어 주었다.

다행히 뚱보강사는 이제 막 강의를 시작하고 있었다.

Business Man Income Economics

성공을 위한 5가지 과정

"어제, 여러분은 아주 중요한 선택을 했습니다. 회사 일에서 인생을 찾기로 한 것이죠. 그것은 뚱보강사가 세미나에서 매번 첫 번째로 제시하는 선택입니다. 많은 사람이 직장생활을 하면서 다른 일을 꿈꾸기 때문에 허다하게 성공의 기회를 놓치고 있습니다. 우선 자기가 몸담은 직장이 최우선이라는 생각을 하고 거기에 집중한다면 지금까지와는 전혀 다른 인생이 시작될 것입니다. 뚱보강사가 여러분에게 성공을 위해 제시하는 선택은 아주 간단하게 다섯 가지뿐입니다. 여러분은 어제 한 가지 선택을 했듯이 매일 한 가지씩의 선택을 하게 될 것입니다.

어떻게 해야 성공할까?

다음 다섯 가지를 실천하면 여러분은 그것을 이룰 수 있어요. 화면을 보세요."

삶의 가치를 정립하라
명확한 목표를 설정하라
강점으로 공헌하라
창의력이 생명이다
인맥이 자산이다

"이 다섯 가지 주제가 이번 세미나에서 여러분의 수업 시간표인 셈이죠. 첫 번째는 어제 공부하고 선택한 가치정립입니다. 여러분은 회사형 인간으로 산다는 첫 번째 선택을 함으로써 삶에서의 중요한 가치정립을 한 셈입니다.

오늘은 두 번째 선택인 목표설정에 대해서 말씀드리는 날입니다. 본격적인 주제로 들어가기 전에 이 주제에 임하는 여러분의 자세를 점검해보겠습니다."

자신을 아는 것도 능력이다

"제가 여러분의 출신학교를 검토해 보았더니 명문대학 출신들이 꽤 많더군요. 그런데 뚱보강사는 여러분에게 이런 말씀을 드립니다. 공부 잘한 사람이 일도 잘하고 성공한다는 공식은 없다는 겁니다. 왜 그런 현상이 벌어지고 있는지 아세요?

세상은 학교 교실이 아니기 때문이죠. 영어 단어 외우고, 수학 공식 풀고 시험 치는 것이라면 단연 명문대학 출신들이 유리할 겁니다. 하지만 실제로 우리가 부딪치는 비즈니스 세계에서는 아는 영어 단어가 조금 부족해도 문법을 잘 모르더라도 2류, 3류 대학 출신이 일류대학 출신을 이길 수 있습니다. 외국인을 만나면 떨지 않고 배짱 있게 말하는 사람이 더 좋은 실적을 올리는 법이죠. 수학을 잘해서 계산을 잘하는 사람보다 친화력이 좋은 사람이 물건을 더 잘 팔아서 이문을 남깁니다. 그러니 공부를 잘한 사람이 일도 잘한다고 볼 수 없죠. 행복이 성적순이 아니듯 성공도 성적순이 아닙니다. 높은 연봉을 받고 성공한 사람이 되려면 일을 잘하는 법을 배워나가야 합니다. 일을 잘해서 성공하는 방법은 뜻밖에 단순합니다. 뚱보강사는 여기서 아주 중요한 이야기를 합니다."

뚱보강사는 특유의 남이 말하는 듯한 완곡한 수사법으로 말을 하면서 좌중을 휘둘러보았다.

"좋은 실적을 올리는 회사, 일 잘하는 사람은 전혀 바쁘지가 않다는 것입니다. 여러분의 주변을 잘 살펴보세요. 잘 나가고 성공하는 회사는 대부분은 일할 때는 확실하게 일하고 놀 때는 또 확실하게 놉니다. 야근하고 일거리를 질질 끌고 집에 가져가서 일하는 회사는 문제가 있는 회사죠. 개인도 마찬가집니다. 여러분의 직장에서 잘나가는 사람은 바쁘지 않습니다. 설령 그가 바쁘더라도 업무 때문에 바쁘지 않다는 것을 알 겁니다. 성공한 사람들은 일은 다른 사람에게 맡기고 자신은 공부를 한다든가 인맥을 쌓는 일 때문에 바쁠 겁니다. 일 못하는 사람만 공연히 늘 바쁘다는 사실을 알아야 합니다. 지금까지도 세계 최고의 부를 구축한 기록을 남긴 록펠러는 이렇게 단정적으로 말했어요.

'온종일 일하는 사람은 돈 벌 시간이 없다.'

성실하고 근면한 것도 좋지만 성공한 사람이 되려면 생각을 하면서 일해야 한다는 말이지요. 그래서 요즘에 이런 카피가 유행하잖아요. 일하는 사람이 돈을 버는 것이 아니라 생각하는 사람이 돈을 번다고요. 집에도 안 가고 매일 야근하는 사람은 지쳐서 능률적으로 일도 못합니다. 물론 회사마다 사정은 다르겠지만 요즘 조직의 보스들은 헌신보다는 공헌을 바라지요. 맨날 빈둥거리는 것 같아도 확실한 결과물을 안겨주는 부하직원들을 경영진은 좋아하지요. 허둥지둥 바쁘기만 하고 맨날 야근을 해서 비실거리는 직원을 좋아하지 않아요. 높은 연봉을 받는 사람들은 1년, 5년, 10년 단위로 자신만의 커리어를 쌓아가면서 전략적인 자기 투자, 가치 투자를 해서 회사에 이익으로 돌려줍니다.

뚱보강사의 친구 중에 아주 여유롭게 사는 사업가를 소개하겠습니다. 저에게는 기업체를 가지고 있지만 투자만 해놓고 경영에는 일절 관여하지 않는 친구가 있어요. 이따금 아이디어를 내놓을 뿐 경영은 K 사장이라는 아주 유능한 전문경영인이 하고 있죠.

그런데 K 사장은 자리를 비울 때가 잦아요. 여행도 자주 다니고 골프에 윈드서핑까지 하면서 아주 빈둥거리는 것처럼 보입니다. 하지만 뚱보강사의 친구는 K 사장에게 불만이 전혀 없답니다. 그는 자신의 일을 딱 부러지게 처리해 놓고 자기 시간을 갖기 때문이죠. 그 친구의 회사는 해마다 10% 이상의 매출과 이익 신장을 올리고 있어요. 그래서 뚱보강사의 친구는 K 사장을 전적으로 신뢰하는 것입니다. 뚱보강사는 이 두 사람을 보면서 느낍니다. '아주 천생연분 같은 행복한 사람들이로구나.'

여기서 뚱보강사는 묻습니다. 여러분은 회사에서 자신에게 무엇을 원하고 있는지 알고 있나요? 만약 회사가 자신에게 원하는 것을 잘 모른다면 그 사람에게는 아주 큰, 엄청난 문제가 있는 겁니다. 여기 미국의 어느 유명한 출판사의 광고문 좀 보세요."

강의실의 대형 화면에는 다음과 같은 글이 비쳤다.

당신이 누구인지 모릅니다.
당신 회사에 대해서 모릅니다.
당신 회사의 제품이 무엇인지 모릅니다.

당신 회사가 어떤 형태인지 모릅니다.

당신 회사의 거래처를 모릅니다.

당신 회사의 실적을 모릅니다.

당신 회사의 평판을 모릅니다.

그런데 과연 내게 무엇을 팔려는 것입니까?

"이 문구를 보고 심장이 얼어붙는 것 같은 느낌이 드는 사람이 꽤 있을 겁니다. 저건 바로 나를 가리키는 것이구나! 여기서 보니까 얼굴에 써져 있어요. 자세히 보니까 그런 사람이 참 많네요. 대책을 세워야지 큰일 났습니다. 그런 사람은 회사가 무엇을 원하는 지도 모르지만 자신이 무엇을 쫓고 있는지도 모를 것입니다. 스스로 자신에게 물어보세요.

'회사는 나에게 무엇을 원하고, 기대하는가?'

어제 여러분은 첫 번째 선택을 했습니다. 회사를 통해서 내 인생을 건져 올리겠다고 결심했습니다. 회사의 일이 곧 나의 일이다, 라고 결심했습니다. 그래서 여러분은 왜 일하는가, 누구를 위해 일하는가를 잘 알고 있습니다. 하지만 여러분 중에는 아직도 가슴이 답답하고 심장이 얼어붙는 것 같은 느낌이 드는 사람이 꽤 있군요.

여러분, 첫술에 배가 부를 수는 없지요. 회사의 일이 곧 나의 일이다, 라고 결심하고서 오늘의 강의를 들으시면 자신의 앞날이 조금씩 보이기 시작할 겁니다.

이제 여러분은 회사가 자신에게 원하는 것이 무엇인지를 명확히 인식해야 합니다. 이것을 다른 말로 표현하면 책임의식이라고 할 수 있을 겁니다. 스스로 자신의 기여도와 책임에 대해서 고민하는 자세가 필요합니다.

여러분에게 반드시 회사가 원하는 사람이 되라는 것은 아닙니다. 하지만 여러분은 회사와 같은 운명체라는 것을 인식해야 합니다. 어떤 학자의 연구에 의하면 직장인은 생활의 80%가 회사의 영향권 안에 있다고 합니다. 그런데 자신이 몸담은 회사가 무엇을 원하는지 모르고 있다면 그 사람은 저 광고문구의 상태일 것입니다. 내가 성공하려면 우선 자신이 하는 일, 자신이 몸담고 있는 직장에 대해서 누구보다 잘 알아야 합니다. 그리고 자신이 다니는 직장에 대해 상사에 대해서 사랑하는 마음을 가져야 합니다.

때론 '이놈의 직장 잘못 들어왔어', 그런 생각이 들어도 한 걸음 물러나서 좀 더 객관적으로 차분하게 바라보는 시각이 필요합니다. 떠날 때 떠나더라도 몸담은 동안은 나와 삶을 같이하는 직장이기 때문이죠. 성공한 사람일수록 조직 내의 사람들과의 관계를 좋게 다지는데 많은 시간을 들여서 노력합니다. 특히 직속 상사의 마음을 제대로 읽으면 회사 다니는 일이 즐거워지죠. 상사의 마음을 제대로 읽으면 일도 쉬워지고 신임을 받게 돼서 변화의 중심에 설 수 있고 승진도 누구보다 빠를 수 있죠. 문제는 어떤 일을 하건 그 일을 하는 사람의 자세나 태도의 문제입니다.

뚱보강사가 이렇게 정리합니다. 다시 화면을 보세요."

- 성공하고 싶으면 생각 없이 일하지 마라.
- 성공하고 싶으면 전략을 세우고 아이디어로 승부를 걸어라.
- 성공하고 싶으면 성공의 메커니즘을 알아야 한다.

성공하고 싶다면 먼저 목표를 찾아라

"성공에는 성공의 메커니즘, 즉 확실한 성공의 법칙이 있습니다. 오늘은 그것을 배우는 날입니다. 모든 성공학 책이나 성공학 강사들은 '성공하고 싶다면 먼저 목표를 찾아라.', 라고 말합니다.

이것은 세계적으로 공인된 말인 것 같아요. 뚱보강사도 그런 체험을 했고요. 그래서 뚱보강사도 말합니다.

'성공하고 싶다면 먼저 목표를 찾아라.'

이것이 높은 연봉을 받고 출세하는 성공의 메커니즘입니다. 목표관리는 여러 성공학 강사들의 최우선순위 체크리스트라고 할 수 있습니다.

세상 사람들은 누구나 성공을 원합니다. 하지만 어떻게 성공을 거둘 것인가에 대해서는 잘 모르는 사람들 천지에요. 아주 간단한 이 원리를 아무리 쉽게 설명해도 잘 알아듣지를 못합니다.

뚱보강사는 이따금 이런 배짱이 두둑한 사람들을 만나면 놀라서 뒤로 자빠질 때가 많아요. 그 사람들은 자신의 소질이나 능력은 생각하지 않고 화려하고 멋져 보이는 직업을 막무가내로 선택하거나 우연한 동기, 충동적인 감정으로 인생의 목표를 정합니다. 가령 TV에서 어떤 사람이 멋진 모습으로 나오면 그 사람처럼 되고 싶다고 결정하고 거기에 매달립니다. 나이는 어른이 되었는데 아직 철이 덜 든 아이들이죠. 그런 사람들은 엄청난 대가를 치르게 되지요. 그래서 나는 스스로 아는 것도 능력이고 자신의 인생 목표를 찾는 것은 아주 중요한 능력이라고 말합니다.

목표는 미래를 향한 여행지도다

"뚱보강사는 여러분을 이제 막 미지의 세계로 여행을 떠난 여행자로 봅니다. 여행자에게는 무엇이 필요합니까? 그렇지요. 지도가 필요하죠. 여행자에게 가장 중요한 것은 현재 있는 위치가 아니라, 앞으로 가려고 하는 곳을 알려주는 지도입니다. 그런데 이 지도는 어떤 장소만을 보여주는 것이 아니라 미래라는 시간과 공간, 그리고 그때 도달해 있는 위치를 보여주는 3차원적인 것입니다.

이 지도는 누가 그려주는 것이 아닙니다. 본인 자신이 직접 그려야 하기 때문에 상당히 어려운 문제이지요. 여러분이 이 지도를 잘 그리려면 이 시대가 나아가는 방향, 자신이 가장 발전할 수 있는 시공간을 찾아 안테나를 돌리며 설정해야 합니다. 선택한 방향이 정확할수록 성공을 획득할 가능성은 더욱 커집니다. 그러니 명확한 목표를 찾는 것은 먼 데로 여행을 떠나는 사람이 지도를 가지고 가는 것과 같지요.

여러분 중에 헤매는 이가 있는 것은 지도가 없기 때문입니다. 목표는 미래의 성공지도이고 그 지도가 있으면 그곳에 갈 수 있습니다. 지도가 없는 사람은 목적지를 찾아가지 못하고 어떠한 성공의 발판도 만들지 못합니다. 그들은 목표가 없어서 인생이라는 길목에서 배회하다 영원히 목표에 도달하지 못하고 추락합니다.

네비게이션이 있는 세상에 무슨 구닥다리 지도 타령이냐고요?

여러분 지금 똥보강사가 그리라고 하는 것이 바로 네비게이션입니다. 구닥다리 지도든 최신형 네비게이션이든 우리를 목적지까지 데려다 주면 그게 지도인 셈이죠.

그러면 그 지도를 어떻게 그려야 할까요? 지도를 그릴 때, 가장 중요한 점은 '어떻게' 지도를 그릴 것인가가 아니라, '왜' 지도를 그리는가를 아는 것입니다. '왜'에 대한 해답이 뚜렷할수록 목적지가 선명해집니다.

여러분은 그곳에 자동차를 타고 갈 수도 있고, 배를 타고 갈 수도 있고, 비행기를 타거나 우주선을 타고 갈 수도 있습니다. 그것은 자신의 능력이나 취향에 따라 탈 수 있는 겁니다. 이제 우리나라에도 우주인이 탄생했으니까 우리도 우주여행을 한다고 생각하고 우주여행지도를 그려볼까요. 나 혼자 우주선을 타고 간다는 심정으로 정밀하게 지도를 그려야 합니다.

자신이 진짜로 흥미를 느끼고 진정으로 즐길 수 있는 일에 목표를 세우고 도전을 하도록 하세요. 목표를 정확하게 세우고 과녁을 정확하게 겨누어야 합니다.

폴 마이어라는 미국의 보험왕은 이런 말을 했습니다.

"모든 것을 실현하고 달성하는 것은 목표설정에 있다. 내 성공의 75%는 목표설정에서 비롯되었다. 목표를 정확하게 설정하면 그 목표는 신비한 힘을 발휘한다. 또 달성 시한을 정해놓고 매진하는 사람에게는 오히려 목표가 다가온다."

자, 이제 여러분은 20대, 30대, 40대…에 할 일을 큰 밑그림을 가지고 머릿속으로 그립니다. 이미 그림을 여러 번 그린 사람이라도 다시 확인하면서 그려봅니다. 처음 그리는 사람이라도 무엇인가 희미한 대로 어떤 영상이 잡힐 것입니다. 희미한 영상은 뚱보강사의 강의를 들으면서 여러분이 기울이는 노력 여하에 따라 점점 구체적인 모습을 보이게 될 것입니다. 만약 아직 그런 영상이 떠오르지 않는다면 그것은 자신의 꿈에 대한 열망이 적은 탓입니다. 기도하는 마음으로 자신의 꿈을 키우고 미래의 영상을 찾도록 노력하십시오. 미래에 자신이 되고자 하는 모습을 그려보세요.

여러분이 그러한 시간표를 가지게 된다면 10년, 20년이 지나 여러분이 30대, 40대가 되었을 때 명확한 시간표를 가지지 못한 사람과 엄청난 차이로 앞서가고 있을 것입니다. 20대에 자신의 길을 찾지 못한다면 그 사람은 십중팔구 실패하고 맙니다. 물론 뚱보강사처럼 40이 넘어서 그 길을 찾는 사람도 있긴 하지요. 그러니 이 뚱보강사가 늘그막에 고생하고 있는 것 아닙니까.

그런데 안타까운 것은 이 세미나를 다 듣고도 건성으로 목표를 정하는 경우가 많다는 겁니다. 그것은 누구나 할 수 있지만 아무나 할 수 없는 일이라는 것을 사람들이 잘 모르기 때문입니다. 정말 안타까운 일이지요. 지금 뚱보강사가 하는 말은 건성으로 말하기 좋아서 하는 쓸데없는 것이 아닙니다. 그림이 안 그려지면 잘못 들어선 길입니다.

'계획하는 데 실패한다면 실패를 계획하는 것이다.' 라는 말이 있습니다. 구체적인 목표는 구체적인 결과를 가져오지만 막연한 계획은 막연한 결과를 가져오는 것이 아니라 아무 결과도 가져오지 못합니다.

여행하는데 지도가 필수적인 것처럼 인생이라는 여행에서 목표는 필수적인 도구입니다. 이 말은 뚱보강사 혼자만이 떠드는 소리가 아니라 과학적으로 증명된 훈련 프로그램입니다.

지금 여러분은 목표관리MBO ; Management by objectives라는 과학적 경영기법을 전수받고 있는 중입니다.

목표관리 개념을 최초로 제시한 사람은 피터 드러커였습니다. 그는 1964년에 발표한 '결과를 위한 경영'에서 경영자는 회사의 목표를 분명히 밝히고 이를 축으로 조직을 동기부여 해야 한다고 설파했어요. 전체목표가 조직단위별 하위 목표로 분할되며 그 달성도에 따라 구성원의 평가가 결정된다는 이론을 제시한 것이죠. 그 후 기업들은 그의 이론을 따랐고 MBO는 경영의 확실성을 표현하기 위한 뼈대를 제공해 주었어요. MBO개념은 군사전략에도 응용되어서 "도달하고 싶은 지점을 명확히 하고 그곳에 도달할 수 있는 모든 자원을 동원하라."는 군사전략으로 채택되었지요. 웰링턴, 나폴레옹, 맥아더 등 군사적 천재에 대한 연구가 유행했을 정도니 피터 드러커가 경영의 구루로 불리는 것은 당연한 일이었지요. 기업들이 그것을 응용한 것은 물론이고 개인들의 목표관리에까지 응용되고 있는 것이죠.

여기 목표를 정해야 하는 5가지 중요한 이유를 보세요."

1. 목표는 나아갈 방향을 알려준다.
2. 목표는 잠재적 능력을 길러준다.
3. 목표는 삶의 우선순위를 결정해 준다.
4. 목표는 일의 가치를 더해 준다.
5. 목표는 미래의 성공을 예고해 준다.

"미국 최고의 비즈니스 컨설턴트인 브라이언 트레이시에 따르면,

성공한 사람과 그렇지 못한 사람은 어떤 일을 수행하는 능력 면에서는 크게 차이가 나지 않는다고 합니다. 그는 그들의 가장 큰 차이를 자신의 잠재력을 펼치고 추구하려는 욕구라고 강조합니다.

교육, 경험, 지식, 문제, 성공, 난관, 도전, 사물을 바라보는 당신만의 독특한 시각은 당신을 특별하게 만든다. 자신 안에 잠재적인 능력과 특성을 갖고 있으므로 원하는 것은 무엇이든 이룰 수 있는 능력이 있다. 당신이 해야 할 가장 중요한 일은 당장 자신의 어떤 재능을 개척하여 최고로, 또 최상으로 사용할 수 있도록 계발하느냐를 결정하는 것이다.

1953년, 예일대에서는 그 해 졸업생을 대상으로 목표관리 실험을 했습니다. 인생의 목표에 관한 설문조사를 한 것인데 이 실험에 응한 학생들은 4개의 그룹으로 나누어졌어요.

첫 번째 그룹은 자신이 목표로 하는 미래를 구체적으로 종이에 적어서 냈습니다.

두 번째 그룹은 자신이 꿈꾸는 미래를 구체적이기는 하지만 적어내지는 않고 말로 들려주었어요.

세 번째 그룹은 시야가 좁아서 먼 미래보다는 당장 졸업하면 취직할 일이나 봉급, 승진 따위의 목표를 제시했습니다.

네 번째 그룹은 미래의 비전이나 목표는 별로 생각하지 않는 사람들이어서 대충 무슨 일을 하고 싶다는 등의 무성의한 응답을 했습니다. 그들은 원하는 것이 무엇인지 조차 생각하지 못한 사람들이죠.

20년이 흐르고 나서 조사원들이 설문에 대답했던 졸업생들을 추적해 보았습니다. 결과는 아주 놀라운 것이었어요. 뚜렷한 목표를 종이에 써서 실천한 사람 3%가 나머지 97%를 다 합친 것보다 더 많은 성공을 거두었다고 합니다.

이제 여러분은 목표관리가 왜 중요한 것인지 이해가 될 것입니다."

내면의 부름에 따라 목표를 설정하라

"10년 후, 20년 후의 나는 어떻게 변해 있을까?

여러분은 학창시절부터 그런 생각과 고민을 했을 겁니다. 10년 후 여러분은 30대가 되어 있을 겁니다. 여기 있는 분 중에 나이가 드신 분들은 40을 바라보는 연배가 되어 있을지도 모르지요. 그때 여러분은 어느덧 사회의 한구석에서 자신만의 자리를 잡고 있을 겁니다. 10년 후 그날 10년 전에 짠 목표대로 살고 있는지 돌이켜보는 자신을 상상해 보세요. 무척 흥미로울 겁니다. 아마도 자신의 재능과 능력을 철저히 알고 계획표를 짰고 성실하게 노력했다면 그 계획표에 가까운 삶을 살고 있을 겁니다. 중요한 것은 지금 몸담은 회사와 자신의 능력과 역할을 다시 분석해보고 목표를 설정하는 것입니다.

목표를 짜기 전에 몇 가지 꼭 참고할 것이 있습니다.

첫째, 자신의 내면의 부름에 순응하라는 것입니다. 인간이 추구하는 가장 우선의 것은 자신의 본질적인 것을 찾는 것입니다. 뚱보강사가 아무리 회사형 인간이 되라고 떠들어도 내가 하기 싫은 일을 죽을 때까지 어떻게 합니까? 첫 번째도 두 번째도 가장 먼저 고려할 일은 내가 이 세상에서 태어나서 가장 하고 싶고, 해야만 할 일이 무엇인가를 알아내고 그 내면의 부름에 순응하는 자신의 일을 개발하는 것입니다.

아울러 여러분은 확고한 자신의 내면의 부름에 순응하기 위해서 시대의 흐름을 읽어야 합니다. 21세기는 많은 것들이 너무도 빨리 변화하는 시대가 아닙니까. 그 변화의 흐름을 제대로 읽을 줄 아는 능력을 갖추어야 합니다. 아무도 시대의 흐름을 거슬러 올라갈 수는 없기 때문입니다. 시골에서 농사를 짓는 사람도 첨단지식과 장비를 갖추지 못하면 농사를 짓지 못하는 시대이니까요.

둘째, 포기하는 것을 배워야 한다는 것입니다. 자신의 일이 아닌 것, 반드시 내가 하지 않아도 되는 것, 사소한 것들은 대충 버리고 살아도 됩니다. 한 가지만 잘하면 열 가지는 따라서 온다는 것을 명심하세요. 욕심 사납게 너무 많은 목표를 만들어 놓고 덤벼드는 사람은 얼마 지나지 않아 자신의 에너지를 모두 소모해버리고 맙니다. 그리고 그와 동시에 그는 자신이 품었던 원대한 이상과 포부도 함께 잃어버리고 맙니다.

미국의 유명 여성 앵커 바바라 월터스는 이렇게 충고하고 있습니다.

"그런 태도로는 어떤 소득도 얻을 수 없습니다. 우선 자신에게 맞는 계획을 세우세요. 목표가 정해지면, 그것을 실천해나가며 노력하세요. 모든 정신력과 능력을 투자한다면 성공은 머지 않은 곳에 있을 겁니다. 내가 말하는 투기성 학습 태도란, 공부가 미래의 어느 시점에서는 꼭 혜택을 가져다주리라 믿고, 목표도 없이 무작정 밀고 나가는 학습 태도를 말하는 거에요."

뚱보강사는 공연히 자신의 일이 아닌 곳을 기웃거리고 다니다가 세월만 허비하는 사람들을 자주 보았습니다. 여러분은 스스로에게 물어보세요.

지금까지 너무 많은 곳을 기웃거리지 않았는가?

행여 요행수만 바라지 않았는가?

자신을 스스로 반성하면서 계획을 짜기를 권합니다. 사람은 많은 꿈이 있고 능력이 있다고 해서 한꺼번에 여러 가지 일을 할 수 없습니다. 자칫하면 그것이 사람을 번잡스럽게 만들고 두서없이 만듭니다. 한 가지 목표를 달성한 후에 나머지 일을 해도 늦지 않습니다. 일에 우선순위를 두고 나머지 일들은 대충 무시하고 나아가세요. 이 세상은 다른 곳을 기웃거리고 다닐 만큼 인생을 낭비하고 여유를 부릴 수 있는 곳이 아닙니다.

셋째, 근면해야 한다는 것입니다. 아무리 훌륭한 재능과 명석한 두뇌를 가졌더라도 게으름을 피우면 아무 소용이 없습니다. 부지런하고 노력하는 자만이 성공을 거머쥘 수 있습니다. 근면과 재능, 이 두 가지를 겸비한다면 훌륭한 사람이 될 기본은 되어 있습니다.

넷째, 자신의 결점을 알아야 한다는 것입니다. 아무리 훌륭한 재능을 가진 사람이라도 단점을 갖고 있기 마련입니다. 자신의 결점을 확실히 아는 것은 매우 중요합니다. 여러분이 여러분 자신의 주인이 되려면 자신을 철저히 알아야 합니다. 먼저 자기 속에 있는 나쁜 세력을 굴복시킨다면 다른 것들은 전혀 문제가 되지 않습니다.

그런 다음 마지막 다섯 번째로 미래를 내다볼 줄 알아야 한다는 것입니다. 누누이 강조하는 일이지만 10년, 20년, 30년 후의 모습을 확실하게 그려 보세요.

가장 생생하고 확실하게 미래의 나를 그리는 방법으로 미래의 명함 만들어 보기가 있습니다. 10년 후 나의 명함을 만들어 보세요. 다른 사람에게 줄 것이 아니니까 워드로 적당히 만들어서 프린트하세요.

명함

1년 후

3년 후 – ○○○대리

5년 후 – ○○○팀장

10년 후 – ○○○본부장

그렇게 만든 명함을 책상 서랍 속에 넣어 두세요. 그리고 매주 한 번 그것을 꺼내 보는 날을 정하고 미래의 자신을 그리며 열정을 불태우세요.

1년 후에는 아직 준비가 덜 된 단계이니 별 차이가 없을 겁니다.

3년 후에는 회사에서 인정을 받아서 대리가 되고 나만의 프로젝트를 꾸려나갈 능력을 갖추고 실력을 발휘해서 자신의 분야에서 전문가로 입지를 다진 모습입니다.

5년 후에는 그동안의 업무 성과를 인정받아서 팀장이 됩니다. 팀워크가 맞는 후배사원들을 거느리고 별도의 사무실에서 업무를 진행할 정도로 회사에서 파워가 있습니다. 성취도에 따라서 연봉 외에 인센티브도 짭짤합니다. 후배사원들도 그래서 더 열심히 성과에 집중합니다.

10년 후, 좀 먼듯하지만 어떤 모습일까요?

명함은 본부장으로 새겼습니다. 그래서 그 모습이 보입니다. 몇 개의 팀을 거느리고 큰 프로젝트를 진행합니다. 그 분야의 전문가가 되어서 초청 강사로 불려다니고 이미 두 권의 책을 낸 유명 저자이기도 합니다.

자, 여러분 이게 무슨 달나라 가는 이야기입니까? 여러분 누구에게나 가능한 일이죠. 거듭 말씀드리지만, 이 명함을 꼭 만들어서 부적처럼 책상 서랍에, 패스포트에 넣고 다니면서 매주 한 번 그것을 꺼내 보는 날을 정하고 미래의 자신을 그리며 열정을 불태우세요.

놀랍게도 그 꿈은 현실로 일어납니다. 이미 오래전에 뚱보강사의 강의를 들은 사람 중에 그런 사람들이 많이 생겨났다는 것을 말씀드립니다.

뚱보강사는 말합니다. 그때의 여러분은 미래의 명함을 통해서 목표를 달성한 사람이 되어 있을 것입니까?

미리 자신의 초상화를 그려두세요. 그리고 그 꿈을 끊임없이 날마다 열망하세요. 인생에서 꿈을 열망한다는 것이 얼마나 소중한지는 두말할 나위가 없습니다. 지금은 고령화 시대입니다. 40년 전만 해도 우리나라 남자들의 평균 수명은 겨우 50살 정도였습니다. 그런데 지금은 80살을 바라보고 있습니다. 여러분의 시대는 90살, 100살이 될 겁니다. 그렇다면 여러분은 앞으로 50년을 더 일하고 살아야 한다는 계산이 나옵니다. 여러분의 50년 후의 명함은 어떤 것일까요? 상상해 보세요. 50년 후에 나는 어떤 명함을 사람들에게 내밀고 있을 것인가. 지금 여러분이 미래를 잘 대비하지 못한다면 50년, 60년 이상을 슬픔과 낙망 속에서 살아가게 되어 있는 것이 불을 보듯 뻔한 현실로 다가오고 있습니다. 준비 안 된 장수는 재앙입니다.

여러분이 앞날의 목표를 세울 때 명심해야 할 것은, 아무리 열망이 크더라도 단순한 꿈만으로는 아무것도 되지 않는다는 사실을 깨달아야 한다는 것입니다. 그 꿈을 이루려면 그 열망만큼, 아니 열망보다 더 큰 노력이 뒤따라야 합니다.

정주영은 이런 말을 했습니다.

그런데 사람들 중에는 자기 인생을 남의 것처럼 적당히 관전하는 사람들이 많습니다. 또 자신의 인생을 철저히 타인에게 의존하는 사람도 많습니다. 그것은 자신의 인생계획표를 제대로 만들지 못하고 허송세월을 보냈기 때문입니다. 자기 인생의 시간표를 갖고 있지 못한 사람은 단 한 걸음도 앞으로 나아가지 못한 채 인생 대부분을 허비하고 마는데 그것은 그 사람의 비극이자 주변 사람들의 비극이기도 합니다.

여러분이 학생일 때는 시험이라는 아주 확실한 목표가 있었습니다. 그리고 시험 때까지 남아 있는 시간을 정확히 파악해서 효율적으로 시간 관리를 하는데 익숙해 있습니다. 월말고사, 학기말 고사, 수능시험 등 여러 가지 시험을 보려고 시험 기간을 파악하고 거기에 대비해서 공부를 했고 오늘 이 자리에 앉아 있습니다.

조기에 억대 연봉자가 되고 싶은 사람은 시험을 준비하는 학생처럼 시간표를 준비하세요.

시간표를 가진 사람은 그렇지 않은 사람에 비해서 10배, 20배 성공할 가능성이 큽니다. 구체적이고 분명한 목표 설정은 더 나은 미래를 창조하는 길잡이이자 힘인 셈이죠. 목적지에 초점을 맞추고 그곳에

도착하는 방법을 발견하게 됩니다. 그래서 목표와 성공의 상관관계를 심리학에서는 종교적 교리가 가르쳐주는 현상과 같다고 보고 있습니다. 최근에 세계를 휩쓴 『시크릿』, 『끌어당김의 법칙』 등이 그 분명한 사례를 보여주는 것입니다.

그것은 자신의 성공을 믿고 무조건 그것을 성취하는 그림을 마음속으로 그리면서 노력하는 것입니다. 이러한 현상을 신화학자 조지프 캠벨은 '보이지 않는 손이 도움을 주는 느낌'이라고 표현하고 있습니다. 여러분도 보이지 않는 손이 나를 도와주고 있다고 믿으세요.

보이지 않는 손이 나를 도와주고 있다고 믿고 나는 최고다! 나는 훌륭하다! 라고 자신에게 암시하는 것이 좋습니다. 처음에는 이러한 방법이 우스워 보이겠지만 그것이 더 이상 우스워 보이지 않을 때 자기 암시의 힘을 보게 됩니다. 누구든지 뜨거운 갈망으로 가득 채워진 내면에서부터 성공을 우러러볼 때 그 목표는 이루어집니다.

『시크릿』이란 책에 이런 믿지 못할 이야기가 나옵니다.

나는 6년 만에 평범한 기계공에서 회사의 최고경영자 위치에 오른 성공한 청년을 만난 적이 있다. 그는 이런 이야기를 들려주었다.

'나는 우리 회사에서 6억 원 이상의 연봉을 받는 사람들이 모여서 찍은 사진을 구했습니다. 나도 그 중 한 사람이 되고 싶어서였지요. 사진 가운데 한 사람의 얼굴부분을 오려내고 그 자리에 내 얼굴을 붙였습니다. 이후 나는 하루에도 몇 번씩 이 사진을 들여다보았습니다. 그리고는 잠깐 눈을 감고 생각했습니다. 이 성공한 사람들의 그룹에 들어가면 무엇이 달라질까? 이 사람들은 내게 무슨 말을 할까? 나는 어디에 가고, 무엇을 먹고 마시며, 무슨 생각을 하게 될까? 1년 정도가 지난 뒤 나는 이제 그것을 이뤄야겠다는 생각을 했습니다. 그냥 나 자신에게 그렇게 요구했어요. 그렇게 함으로써 생각보다 훨씬 더 큰 에너지를 끌어 모을 수 있었습니다. 이 목표에 집중하고 있는 동안은 그 어떤 두려움이나 의심도 생기지 않았습니다. 내가 만든 그 사진은 내가 실제로 목표에 도달하기 훨씬 전에 이미 내 안에서 실현되어 있었던 것입니다."

6년 만에 그는 자신의 목표에 도달했다. 그리고 그가 사진에서 오려낸 얼굴의 주인은 회사를 떠났다. 당신에게 꼭 이야기하고 싶은 것이 있다. 나는 오늘 내가 10년 전 꿈꾸던 모습 그대로 살고 있다. 당시에는 기적처럼 보였던 일이다. 나는 당시 내가 바랐던 것 가운데 이루지 못한 것이 거의 없다. 이제 나는 이 방법의 효력을 확실히 알고 있다. 하지만 내가 바랐던 것 이상으로 이룬 것도 없다.

이런 이야기를 하면 많은 사람이 다소 황당해하기도 합니다. 하지만 현대 심리학은 많은 부분에서 마음가짐, 어떤 일을 대하는 태도, 신념의 마력에 대해서 아주 긍정적인 많은 연구 결과를 내놓고 있습니다.

그것을 미국의 심리학자 윌리엄 제임스는 '마음으로 그리는 그림'이라고 정의하고 이렇게 말했습니다.

"심리학에는 한가지 법칙이 있다. 이루고 싶은 모습을 마음속에 그린 다음 충분한 시간 동안 그 그림이 사라지지 않게 간직하고 있으면 반드시 그대로 실현된다는 것이다."

유명한 성공학 강사 지그 지글러의 『정상에서 만납시다』란 책에 쥐를 대상으로 한 재미있는 실험 이야기가 나옵니다. 화면을 보세요.

하버드 대학의 로버트 로젠달 박사는 학생들과 쥐를 상대로 한 가지 실험을 했다. 박사는 학생들과 쥐들을 세 그룹으로 나눴다. 그리고 첫 번째 그룹의 학생들에게 이렇게 말했다.

"자네들은 행운아야 자네들은 천재적인 쥐를 다루게 되었네. 이 쥐들은 지적으로 키웠고 지극히 총명하기 때문에 복잡한 미로도 쉽게 찾아낼 수 있다네. 그러니 충분히 영양을 공급해 주고 특별히 대해주게."

두 번째 그룹의 학생들에게는 이렇게 말했다.

"자네들은 지극히 평범한 쥐들을 대하고 있네. 그리 총명하지도 않지만 그리 나쁘지도 않다네. 평범하므로 그리 기대는 하지 말게나."

박사는 세 번째 그룹의 학생들에게 말했다.

"자네들은 멍텅구리 쥐들을 부여받았네. 그들이 미로 속에서 옥수수를 발견하게 된다면 그것은 기적일 거야."

그리고 6주 후 한 가지 실험을 하였다.

미로 속에 옥수수를 담아놓고 쥐들을 풀어놓았다. 뛰어난 쥐들은 너무도 쉽게 옥수수를 찾아냈다. 그리고 평범한 쥐들은 찾긴 찾았지만 시간이 걸렸다. 바보 쥐들은 아주 어려웠다. 바보 쥐들 중 한 마리가 옥수수를 겨우 찾아냈는데 그것은 옥수수 방향으로 쥐가 비틀거리다가 넘어졌기 때문이었다.

여기에 아주 재미있는 사실이 있다.

처음부터 쥐들은 똑같은 평범한 쥐들이었다. 단지 차이가 있었다면 쥐들을 대하는 학생들의 태도였다. 학생들은 쥐들의 언어를 몰랐지만 쥐들은 학생들이 자기들을 대하는 태도는 느꼈고 그대로 되어 버렸다. 그 태도라는 것은 모든 생물들의 공통된 언어가 되는 것이다.

이처럼 태도는 너무도 중요하다. 자녀를 키울 때도 마찬가지고 자신이 자신을 대하는 태도도 마찬가지다. 어떠한 태도로 대하느냐에 따라 어떤 사람이 되는지가 결정되는 것이다.

실제로 보이지 않는 손을 믿고 확실하게 도움을 받은 사람 중에 에디슨이 있습니다.

1879년 에디슨은 그 해 연말까지 전등을 발명해서 사람들에게 빛을 밝혀주겠다고 선언했습니다. 그는 빛을 오랜 시간 낼 수 있는 필라멘트를 만들고자 하루에 열여덟 시간 일을 했지만 1,600번이나 실패를 거듭했습니다. 그러나 그는 결국 그해 마지막 날인 12월 31일 결국 전등을 밝히는 데 성공했습니다.

에디슨의 성공 비밀은 널리 알려진 일이니까 다 아실 겁니다.

어느 날, 한 친구가 에디슨에게 물었습니다.

"성공을 원하는 사람은 누구나 자네처럼 하루에 열여덟 시간을 일해야 하는 건가?"

에디슨은 다음과 같이 대답했습니다.

"그건 전혀 그렇지가 않네. 사람은 누구나 온종일 쉬지 않고 어떤 일을 하고 있지. 그렇지 않은가? 직장에서 일하거나, 집에서 쉬거나, 신문을 읽거나, 산책을 하거나, 생각을 하며 살고 있지. 만일 그들이 7시에 일어나 11시에 잠자리에 든다면 그들은 열여섯 시간을 활용할 수 있는 거지. 유일한 차이는, 그들은 많은 일을 하고 나는 오직 한 가지만 한다는 거야. 만일 사람들이 한 가지 목표에만 집중한다면 그들 역시 성공할 수 있는 거야. 문제는 사람들이 목표를 가지고 있지 않다는 거지."

최고의 발명가 에디슨이 말하는 성공의 비결은 보이지 않는 손의 힘을 믿고 한 가지 목표에만 매달린 집중력이었습니다.

뚱보강사는 어제 성공한 사람은 바쁘지 않다고 말했습니다. 그런데 그 말은 절대로 바쁘게 일하지 말라는 것이 아닙니다. 어떤 일에 배팅할 때는 밥 먹는 것도 잊어버리고 몰입해서 24시간, 28시간 일해야 결과물이 나온다는 것이죠.

특히 독립해서 사업하려는 사람은 더더욱 확실하게 일을 배우고 또 자신만의 인맥을 구축하는 데도 게을리해서는 안 되죠."

"뚱보강사는 그래서 오늘 여러분에게 세 장의 목표관리 페이퍼를 나누어 드렸습니다. 세 장을 똑같이 적으시고 한 장은 오늘 세미나가 끝나면 제출해 주세요. 두 장은 집에 가지고 가세요. 두 장 중에 한 장은 자기 방의 가장 눈에 잘 띄는 벽면 명당자리에 붙여 놓으세요. 그리고 나머지 한 장은 자신의 방문 밖에 붙이세요. 여러분의 목표를 집안사람들에게 공개하는 것이 좋아요. 그러면 자신의 목표가 객관화되고 관리가 되기 시작합니다. 자신의 꿈이 먼저 가족을 비롯한 주위 사람들로부터 인정을 받는 것이 좋지요. 가족들은 당신의 꿈이 이루어지기를 함께 소망하게 됩니다. 이것이 뚱보강사가 여러분에게 요청하는 두 번째 선택입니다.

여러분의 두 번째 선택은 아주 의미가 깊습니다.

뚱보강사는 여러분에게 거듭 자신의 꿈과 목표를 공개하라고 가르칩니다. 그렇게 해서 여러분이 지향하는 목표에 집중 할 수 있는 환경을 만드는 것입니다. 가족이나 주변 사람들에게 인정받지 못하는 꿈을 가진 사람은 그 목표가 아무리 멋진 것이라도 성사되기 어려울 것입니다. 많은 성공학 강사들이 명확한 목표는 성공의 출발점이라고 말합니다. 인생에서 가장 즐거운 것은 목표를 갖고 그것을 향해 노력하는 것이라고 말하고 있습니다.

이 시점에서 좀 무서운 이야기를 할게요.

여기 앉아 있는 여러분 중에도 3%만이 나머지 97%를 다 합친 것보다 더 많은 성공을 거둘 것이라는 겁니다. 아마도 이것은 자연의 법칙인 것 같아요. 그러면 여러분 중에는 이런 생각을 하는 사람도 있겠지요. 그럼 나는 어차피 3%에 못 낄 것 같은데 뚱보강사 이야긴 들으나마나 뻔한 거잖아. 하지만 그렇지가 않죠. 이 뚱보강사가 누굽니까? 놀랍도록 성공한 사람들의 비율을 3%에서 5%로 끌어올리고 7%로 끌어올리고 10%로 끌어올리는 것이 내 꿈입니다. 그래서 나는 24시간 일합니다. 여러분은 나는 반드시 그 3%에 들겠다고 독하게 마음먹으세요. 그러면 여기 있는 여러분 중에서 10%대의 성공자가 나올 것입니다. 그것이 '뚱보강사식 목표관리'의 시작입니다. 뚱보강사는 5년째 이 강의를 하고 있는데 그런 조짐이 느껴져요. 많은 직장인이 뚱보강사의 외침에 호응하고 있습니다. 그래서 뚱보강사가 유명해진 거죠. 이제부터 뚱보강사만의 목표 달성 방법을 알려 드릴게요."

그러자 청중들이 박수를 쳤다. 뚱보강사의 말이 이어졌다.

"무슨 일이건 어떤 원칙과 비법이 있듯이 목표관리에도 방법론이 있습니다. 오늘의 강의를 듣고 나면 여러분은 목표설정, 목표관리, 목표달성의 세 단계 방법을 알게 될 겁니다.

우선 목표설정에 대해서 이야기합니다.

목표는 우선 자신의 능력을 생각하면서 실현 가능성이 큰 목표를 세워야 합니다. 실현 가능성이 큰 목표란 자신이 하는 관련 영역의 전문 지식을 충분히 이해하는 일이 전제 되어야합니다. 이 이해가 바탕이 되어야 목표와 관련된 전문적인 요구에도 쉽게 응할 수 있지요. 말하자면 목표는 자신의 역량+α죠.

자신의 역량을 알고 거기에 꾸준한 노력으로 얻을 수 있는 알파를 추가하면 성과가 나타나고 성공지도가 그려지는 겁니다.

좋은 목표를 설정하는 'S-M-A-R-T 법칙'

Specific(구체적일 것) : 정확히 무엇을 달성하려는가?

Measurable(측정할 수 있을 것) : 목표 달성 여부를 어떻게 판단할 것인가?

Achievable(달성할 수 있을 것) : 내가 해낼 수 있는 일인가?

Realistic(현실성) : 해당 상황에서 가능한 일인가?

Time-based(시기) : 언제쯤 목표를 달성할 것인가?

오늘 강의를 들으면서 여러분은 'S-M-A-R-T 법칙'에 따라 자신이 생각하고 있는 목표를 정리하세요. 목표는 구체적이고 명확해야 하며 실행 가능성이 큰 것을 설정해야 합니다. 사람들은 누구나 자신이 흥미를 느끼고 취향에 맞는 것만 보고 듣기를 좋아하고 자신의 생각에 합당하지 않은 것은 피하는 경향이 있어요. 이것을 '선택적 정보수정'이라고 합니다. 그러한 것을 뿌리치지 못하면 사람들은 그것을 자신에게 유리하게 해석해서 자신의 흥미나 사고에 맞추어 듣고 싶은 것만 듣고, 보고 싶은 것만 보고 환경을 선택적으로 이용하게 됩니다. 목표설정의 단계에서는 무엇보다 객관적인 자기 관찰이 필요합니다.

여러분이 설정하는 목표는 자주적인 인생을 살아가기 위한 계획입니다. 자기 자신을 존중하고, 자기 인식에 철저하며 자기 통제가 가능한 사람이야말로 자신의 의지대로 삶을 살아갈 수 있는 것입니다.

목표를 세우고 성취하는 데는 긍정적인 사고와 성공할 수 있다는 자신감이 필요합니다.

성공하는 사람과 회의주의자의 차이는 세상을 보는 관점의 차이입니다. 가령 비즈니스에서 열 번 시도해서 한 건을 성공했을 때, 회의주의자는 이것을 10%의 성공률로 보지만 성공을 믿는 사람은 하나를 성공하기 위해서는 아홉 번 거절당해야 하는 것으로 당연하게 받아들인다는 것입니다. 이것은 병에 물이 반밖에 안 남았다고 투덜거리는 것과 반이나 남았다고 여유를 가지는 것과 같은 것입니다.

너무 목표가 높으면 무력감에 빠지게 되고 너무 낮으면 아무런 자극도 주지 못하고 능력 향상도 기대할 수 없으니까 자신의 능력보다 조금 높게 설정하는 것이 가장 이상적인 목표설정법입니다.

실현 가능하게

성공하는 사람들은 야심적이긴 하지만 현실적인 목표를 세웁니다. 반면에 몽상가는 비현실적인 목표를 세웁니다. 그들은 마치 언덕의 꼭대기에 도달하지 못하고 올라갔다 내려오는 롤러코스터를 탄 것과 같습니다.

측정 가능하게

경기장 라인, 심판, 점수판, 시계 등도 없고 팀도 나누어져 있지 않은 축구 경기를 상상해 보십시오. 그 경기에서는 단지 일군의 선수들이 볼을 주고받고 충돌하는 것이 고작일 것입니다. 잠깐 이것을 지켜본다면 혹 재미있을 수도 있습니다. 그러나 오랫동안 지켜본다면 아무런 흥미도 느끼지 못한 채 혼란스럽기만 한 경기에 실망한 나머지 팬들은 결국 경기장 밖으로 나가 버릴 것입니다. 선수들 또한 동기를 잃어버리고 어찌할 바를 모르게 될 것입니다. 분명하고 측정 가능한 목표 없이 일하는 것은 실제로 앞에서 상상해 본 축구 경기처럼 생산적이지도 않을뿐더러 매력도 없습니다. 자신과 다른 사람들의 동기를 부여하려면 - 이길 수 있는지 알려면 - 반드시 측정 가능한 목표가 필요합니다.

눈으로 볼 수 있게

눈으로 볼 수 있게 쓰인 것은 증명하는 데 있어 특별한 힘을 발휘합니다. 목표를 글로 써서 다른 사람이 읽게 하면 우선순위에서 권위, 책임, 지속성을 보장받게 됩니다. 뚱보강사는 분명하게 말합니다. 목표를 글로 써서 다른 사람에게 읽히고 자신도 매일 그것을 읽고 주문을 외우듯이 분발하는 사람은 반드시 성공합니다.

책임을 분명하게

책임이 분명하지 않으면 목표는 사라지고 잇힙니다. 때로는 여러 과정을 거치면서 자신과 타인을 위해 세운 목표가 변질하는 수도 있습니다. 설사 그렇더라도 당신은 목표를 성실하게 고수해야 합니다.

마감일을 분명하게

업무 마감일을 정해 두면 목표달성 가능성이 훨씬 더 커집니다. 만약 다른 사람에게 자신의 마감일을 공표해 놓으면 그만큼 책임감이 높아지기 때문에 더욱 좋습니다. 항상 마감시간을 명확히 설정하고 정기적으로 진행과정을 점검하도록 하십시오.

물론 목표는 장기적일 수도 있고 단기적일 수도 있습니다. 그러나 여러 가지 이유로 우리는 종종 장기적인 목표를 위해 시간을 할애하지 못하곤 합니다.

데드라인을 확실하게 그어서 성공한 사람 중에 크라이슬러의 회장으로 한 때 미국의 경제영웅으로 추앙받던 리 아이아코카의 이야기가 있습니다.

그는 아주 젊은 나이에 포드 자동차 부사장에 임명되자 뛸 듯이 기뻐하고 스스로 놀랐습니다. 그는 리하이 대학 시절 포드 자동차의 부사장이 될 목표를 세웠습니다. 그런데 그는 서른다섯 살 그 나이에 정말로 그 자리를 차지하게 되었던 겁니다."

목표의 우선순위를 정하라

"그다음으로 목표 설정에서 중요한 것은 일의 우선순위를 정하는 것입니다.

우선순위 목표를 제대로 설정해 놓으면 그것은 바로 목표관리와 성취로 이어지는 속성을 가지게 됩니다.

목표관리는 시간 관리이기도 합니다. 시간 관리를 제대로 하는 사람이 성공하는 법인데 그러려면 목표의 우선순위가 제대로 잡혀 있어야 차례로 이루어낼 수 있기 때문입니다.

아무리 멋진 꿈, 훌륭한 목표가 있더라도 실현 가능성이 있어야 성공을 불러오는 법인데 목표는 한꺼번에 이루어지는 것이 아니라 단계별로 이루어지는 것이라는 것을 염두에 두어야 합니다.

그것은 사다리 타기와 같습니다. 사다리를 타고 올라갈 때는 한 칸 한 칸 딛고 올라가야 합니다. 목적지에 이르는 가장 좋은 방법은 건너뛰지 않고 차근차근 단계를 밟는 것이죠. 거쳐야 하는 역을 다 지나서야 목적지에 닿을 수 있는 것입니다.

그래서 이렇게 따져가면서 목표를 설정하고 관리해야 합니다.

목표가 우선순위에 따라 배분되었는가?

목표가 원래의 업무 목표나 개인의 발전 목표를 개선할 수 있는가?

주요 목표와 그 하위 목표가 잘 조응하는가?

우선순위는 내가 할 수 있는 일을 핵심으로 삼아야 합니다. 자신의 강점을 살리면서 조직에 공헌할 수 있는 일에 역점을 두어야 합니다.

앞에서 말씀드렸듯이 세상에는 '3% 독식의 논리' 도 있고, '80:20의 법칙' 이라는 것도 있어요. 거기에 이르는 지름길은 나의 강점에 집중하는 방법밖에 없습니다.

자신의 일에 달인이 되어야지요. 자기가 좋아하는 일에 전문가가 되고 달인이 되려면 궂은일도 마다하지 않아야 합니다.

성공한 사람들은 실패한 사람들보다 같은 시간 내에 더 많은 일을 합니다. 그것은 그들이 명확한 목표와 목적, 구체적인 계획, 그리고 시간을 중요한 일에 지속적으로 집중시키는 우선순위의 시간표를 갖고 있기 때문입니다. 우선순위의 시간표를 가진 사람은 저절로 시간 관리 기법을 배우게 되고 일을 빠른 속도로 진행할 수 있는 가속 페달을 밟게 되죠. 간단하게 말해서 목표가 명확하면 목표 달성이 빠릅니다.

사람들은 직업적인 일이나 가정, 인간관계, 건강, 재테크 등 각 분야에 따라 다양한 목표를 세웁니다. 한 사람이 다양한 분야 목표를 가지고 있기 때문에 그에 따른 단계도 다양합니다. 그래서 목표에는 우선순위를 다르게 줄 수밖에 없는 거지요. 목표의 달성 가능성은 각 단계를 얼마나 잘 운용 하는가에 따라 결정됩니다. 많은 사람이 목표관리에 실패하는 것은 목표의 단계를 명확하게 나누지 않아, 합리적인 시간 관리에 실패하기 때문입니다. 성공한 대부분의 사람은 시간 사용에서 '80:20 법칙'을 고수합니다. 이 법칙에 따라 성공한 사람들은 하루 시간의 20%는 눈앞에 닥친 급한 일을 처리하는 데 쓰고, 나머지 80%는 더 중요한 일, 즉 미래의 최종 목표를 위해 사용합니다. 이렇게 함으로써 그들은 성공의 가능성을 높여가는 것이죠. 우선순위를 잘 설정하면 목표는 명확성을 얻게 되고 명확성이 확보된 목표는 이미 80%의 성공을 보장합니다.

뚱보강사는 한 가지 일에도 성공을 거두지 못한 자신을 원망하면서도, 목표 없는 생활을 지속하고 있는 사람들을 자주 봅니다. 그런 사람들은 아무리 열심히 일을 해도 눈앞의 작은 수확을 얻게 될 뿐, 미래의 눈부신 성공은 영원히 차지할 수 없습니다.

뚱보강사는 헤드헌터로서의 삶을 살면서 몇몇 성공학 강사들을 연구하게 되었습니다.

그중에 세계적인 비즈니스 컨설턴트인 브라이언 트레이시가 있습니다. 그 사람은 저명한 성공학 강사이면서 스스로 어떤 목표를 정해 놓고 몸으로 실천하는 모습을 보여주는 본보기 노릇을 곧잘 하는 사람입니다. 여러분이 목표를 적어나가는 데 도움이 될 것 같아서 트레이시를 오늘의 멘토로 소개하고자 합니다. 화면을 지켜봐 주세요."

화면에는 사막이 펼쳐지고 사막을 걷는 낙타와 사람들이 나타났다. 브라이언 트레이시는 스무 살 때 사하라 사막을 횡단하는 죽음의 여행을 시작했다.

"당신들은 사하라에서 죽을 것이다."

원주민들조차 극구 말리고 나섰다. 모두 불가능하다고 했지만 그는 목표를 절대 포기하지 않았다. 그의 이 여행은 목표를 어떻게 달성하는 것인가의 진수를 보여준다.

그때 브라이언 트레이시와 친구들은 불과 300달러씩을 내어 긴 여행에 나섰다. 그들은 자동차로 북아메리카를 서쪽 끝에서 동쪽 끝으로 횡단했고, 배를 타고 대서양을 건너 런던에 도착했다. 자전거를 타고 프랑스와 스페인을 관통했으며, 다시 자동차로 아프리카를 종단하며 죽음의 사하라 사막을 넘었다. 2만 7천km가 넘는 대장정이었고, 그 목표를 이루는 데 12개월이나 걸렸다.

목숨을 건 그들의 도전 앞에 불가능은 없었다. 그들은 이 여행을 통해, 어떠한 상황에서도 끝까지 포기하지 않고 해내려고 한다면 반드시 목표를 달성할 수 있다는, 감동 어린 진실을 만나게 된다. 또 너와 내가 따로 없을 정도로 하나가 되어 서로 의지하고 돕고 격려하는 동료애가 얼마나 큰 힘을 발휘하는지를 발견하게 된다.

브라이언 트레이시는 대장정을 마친 후 성공 원칙 일곱 가지를 얻게 된다. 그는 그 이야기를 『내 인생을 바꾼 스무 살 여행』이라는 책에 담았는데, 문학적으로 매우 뛰어날 뿐만 아니라, 여행을 통해 배우는 진한 성공철학을 담아내고 있다.

이 책에서 브라이언 트레이시는 "누구에게나 건너야 할 사하라 사막이 있다."라고 말하고 있다.

"성공의 열쇠는 하나에 집중하는 힘이다. 삶의 과정에서 당신의 모든 것 – 정신과 육체 – 을 쏟아 부어야 할 결정적인 시점이 있기 마련이다. 무엇인가를 이루고 싶다면, 사명감을 갖고 그것에 온 힘을 쏟아라. 일단 시작하면, 그 목표를 향해서 시간과 정력을 전력으로 투자하라. 한순간도 긴장을 풀지 마라. 목표에 이를 때까지 계속해서 밀어붙여라. 완전히 성취할 때까지 절대 포기하지 않겠다고 다짐하라. 이것이 당신에게 주어진 시험이다."

사하라 사막을 종단하며 그가 얻은 교훈은, 다음과 같은 일곱 가지 성공 원칙이다.

1. 어떤 일에서나 성공의 문을 열어주는 가장 중요한 열쇠는, 목표를 세우고 그 목표를 향해 첫 걸음을 떼는 것이다. 2만 7천km라는 엄청난 거리를 가야 하

는 여행에서 가장 중요한 순간은, 첫 걸음을 떼었을 때였다. 만약 첫 걸음을 떼지 않았더라면 그 이후의 여행이 어찌 가능할 수 있었겠는가!

2. 목표를 향해 첫 걸음을 떼었다면, 그 이후로 실패의 가능성은 조금도 생각하지 마라.

인내력은 당신 자신에 대한 믿음, 또한 당신의 궁극적 가능성에 대한 믿음에 정비례한다. 인내력은 성공에 절대적이며, 특정한 사람의 전유물이 아니다. 또한 누구나 스스로 내면 깊은 곳에서 만들어낼 수 있는, 마음의 결정이다.

3. '한 번에 하나씩'이란 원칙대로 충실히 산다면, 당신은 세상에서 가장 위대한 목표도 성취해낼 수 있다.

당신에게 주어진 시간은 지금, 바로 이 순간이다. 이 순간에 무엇을 하느냐에 따라 당신의 미래 전체가 결정된다. 당신이 매일, 아니 매 순간을 충실하게 산다면, 당신의 미래는 저절로 열릴 것이다.

4. 반대하는 사람을 멀리하라.

당신은 실패할 것이고, 소중한 시간과 돈을 낭비할 것이고, 사하라 사막에서 죽게 될 것이라고 말하는 부정적인 사람들을 경계하라. 반대의 목소리에 굴복한다면, 당신은 어떤 일도 이루어낼 수 없다. 긍정적이고 낙천적이며 꿈을 가진 사람들과 가까이하라.

5. 성공의 사다리를 끝까지 오르고 싶다면, 어려움과 난관을 결코 피해 갈 수 없는 소중한 통과의례로 받아들여라.

난관이나 역경에는 그에 합당한, 아니 그 이상의 기회와 결실을 안겨주는 씨앗이 담겨 있는 법이다. 아프리카 여행은 문제의 연속이었고, 수많은 실수를 해야 했다. 그러나 그러한 과정을 통해 배우지 못했다면 틀림없이 사하라 사막에서 죽었을 것이다.

만약 당신이 어떤 일을 성취했다면, 그 과정을 곰곰이 돌이켜 보라. 성취는 수많은 난관을 이겨내고 그것에서 얻은 교훈으로 빚어낸 결실이라는 사실을 새삼 확인할 수 있을 것이다.

6. 목표를 분명히 설정하라. 그리고 그 성취 과정 중에는 무엇이든 유연하게 대처하라.

변화를 기꺼이 받아들이고, 새로운 것을 과감하게 시도하라. 항상 열린 가슴으로 물 흐르듯이 유연하게 대처하라. 당신이 처한 환경이 전해주는 피드백을 기꺼이 인정하면서 궤도를 수정하라. 성공한 사람들이 공통적으로 지닌 핵심적인 가치가 이것이다. 그들은 탄력적이고, 융통성이 있는 사람들이다.

7. 누구도 혼자만의 힘으로는 성공할 수 없다.

독불장군은 없다. 독립을 주장하는 젊은이는 인생의 깊은 의미를 아직 깨닫지 못하고 있는 것이다. 각자 300달러로 2만 7천km가 넘는 대싱싱을 하면서 여러 사람으로부터 따뜻한 도움을 받지 못했다면, 도전은 결코 성공하지 못했을 것이다. 우리 삶에서 함께 웃음과 사랑과 눈물을 나누는 사람들은 소중한 보물과도 같은 존재이다.

목표는 구체적으로

"잘 보셨지요? 브라이언 트레이시의 행동과 그가 가르쳐주는 지침은 여러분에게 많은 도움이 될 것입니다.

자, 그러면 이제부터 나누어 드린 종이에 원하는 것을 글로 쓰세요. 오늘 글로 적지 못하시는 분은 내일, 그래도 못 적으신 분은 강의를 계속 들으시며 생각을 정리해서 이 세미나가 끝나는 날에는 꼭 내주세요. 뚱보강사가 일일이 코칭을 해드릴 겁니다.

자신의 목표를 글로 쓰는지 안 쓰는지는 여러분이 3% 그룹에 끼느냐 못 끼느냐 하는 매우 중요한 문제입니다. 머릿속으로 생각만 한다면 그 목표는 금세 잊히고 이룰 수 없는 꿈이 되고 맙니다. 물론 자신이 가진 꿈을 소리 내어 발성하면 몸 안에 리듬이 되어 몸에 그 말의 울림과 음감을 어느 정도 각인시킬 수 있습니다. 그러나 목표를 종이에 적는 일도 게을리하는 사람이 그렇게 할 리가 있나요. 오히려 종이에 직접 쓰는 사람이 그 일을 할 겁니다. 자기의 꿈과 목표를 종이에 쓰는 것만으로 얼마만큼 목표에 가까이 다가가는지 모릅니다. 종이 한 장의 위력은 상상하는 것 이상입니다.

예컨대 자신의 꿈과 목표를 종이에 직접 쓰고 매일 들여다보면 심리적으로나 생리적으로나 완전히 자신의 것으로 만들 수 있다는 것입니다.

그러면 인생은 자신이 그린 그림대로 그려지게 됩니다.

성공한 사람에게 성공의 원인이 무엇이냐고 물어보면 에디슨처럼 오직 하나의 목표를 가졌기 때문이라고 말합니다. 그래서 우리는 목표에 집중해야 하죠. 그리고 뚱보강사를 만나서 성공하게 된 사람들에게 성공의 원인이 무엇이냐고 물어보면 그들은 하나같이 자신의 목표를 공개했다는 겁니다. 뚱보강사가 여러분의 목표를 공개하라고 주문하는 것은 두 가지 이유가 있습니다.

첫째, 자신의 능력보다 너무 높은 목표를 세우지 않도록 방지하기 위해서입니다. 많은 사람이 자신의 능력은 생각하지도 않고 터무니없는 목표를 세우는 경향이 너무 많습니다. 대부분의 실패한 사람에게 그 원인을 물어보면 한 가지도 아닌 여러 가지의 목표를 세웠기 때문인 경우가 많아요. 여러분은 수많은 유혹을 물리치고 자신에게 맞는 목표는 더욱 명확해야 합니다.

둘째 이유는 주위 사람들의 시선이 항상 자신을 주시하고 있다는 것을 느끼고 있기 때문에 많이 분발할 수 있다는 점입니다. 이때부터 여러분의 성공 게임은 자기 혼자만의 게임이 아니라 관중을 거느린 게임이기 때문에 게임에 임하는 자세가 달라집니다. 그러므로 이 선택은 목표 실현의 첫걸음이라는 것이죠.

뚱보강사는 지금까지 목표의 중요성을 누누이 강조했어요. 이제부터는 살아가면서 목표를 설정하는 구체적인 방법을 일러 드립니다.

뚱보강사는 이런 식으로 목표를 적습니다. 우선 일생을 살아가는 사명선언서, 10년 목표, 5년 목표, 1년 목표, 매달 목표, 그리고 일일 목표 리스트를 작성합니다. 그런데 문제는 이것들을 작성하는 데도 기술이 필요하다는 겁니다. 이 리스트를 제대로 작성하느냐 못하느냐에 따라서 성패가 나누어지는 확률이 또 80%나 됩니다. 그러니 인생은 기술이 필요한 것이고 뚱보강사 같은 성공학 강사들이 먹고사는 것이죠.

각설하고 구체적으로 들어갑니다. 보시다시피 뚱보강사는 몸집이 좀 좋습니다. 몸무게를 빼고 싶은데 누군가는 한 달 안에 5kg을 빼겠다고 적습니다. 그 사람은 절대로 5kg을 빼지 못합니다. 그러나 뚱보강사는 이렇게 적지요. 내가 지금 90kg이니까 85kg로 만들겠다. 그 사람은 80% 확률로 다이어트에 성공합니다. 그런데 뚱보강사는 '왜 다이어트 안 하나요?' 하는 분이 있습니다. 뚱보강사는 대답합니다. 뚱보강사는 다이어트 안 합니다. 우리 집안은 다 이 정도 체격이 표준입니다. 그런데 뚱보강사더러 다이어트 하라고 하면 죽으라는 소립니다.

운동으로 넘어갑니다. 나는 일주일에 5일, 30분씩 운동을 하겠다고 적는 사람 있습니다. 그 사람은 절대로 그 목표를 달성하지 못합니다. 그러나 뚱보강사는 이렇게 적습니다. 나는 월요일부터 금요일까지 아침 6시부터 6시 반 사이에 아들이 다니는 학교 운동장을 뛴다. 이렇게 적으면 내가 운동장을 뛰는 이미지가 머릿속으로 들어오고 그날 그 시간에 뛰게 됩니다.

재테크로 넘어갑니다. 나는 내년에 월급의 20%를 저축하겠다. 그렇게 적은 사람 절대로 저축 못 합니다. 그러나 뚱보강사는 이렇게 적습니다. 내년에는 월급이 10% 오를 테니까 그 20%인 66만 원을 아무개 펀드에 적립한다.

말하자면 눈에 보이게 구체적으로 목표를 적어나가라는 것이죠.

이렇게 말하면 오늘 다 못 적는 분이 있을 겁니다. 오늘 못 적은 분은 집에 가서 고민 좀 하시고 내일 제출해 주세요.

여러분은 목표를 글로 적고 반드시 이루겠다고 확고하게 결심하는 것만으로 이미 목표의 절반은 달성한 것입니다. 여러분은 10년 후에 자기 분야의 전문가로 자리 잡겠다는 목표 아래, 장기적인 전략을 갖고 목표를 세우세요. 그리고 단계 단계마다 체크하고 하나가 끝나면 다음 단계로 넘어가야 합니다. 종이에 적으면서 자신이 세운 목표가 다음 사항들을 반영했는지 잘 살펴보세요."

- 자신의 최고 이상이 나타나 있는가?
- 자신의 최고 이상이 사회 전체와 조화를 이루는가?
- 자신이 가진 자본과 이상으로, 더 높은 이상을 이룰 수 있는가?

• 당신의 목표는 바로 실행 할 수 있는가?

• 당신의 잠재력과 이상은 서로 어울리는가?

• 당신의 목표는 당신의 장점이 발휘되도록 하는가?

"뚱보강사는 말합니다.

목표를 달성하는 것만이 여러분이 살길이라고 말입니다. 또 뚱보 강사는 말합니다. 내 몸값은 내가 만드는 것이다. 자신의 가치는 스스로 높여가는 것이다. 사회는 냉정하고 귀신같이 내가 가진 가치만큼만 지불하려고 합니다.

끝으로 뚱보강사는 말합니다. 목표설정과 목표관리에도 원칙이 필요하지만 목표 달성에도 원칙이 필요합니다.

주식투자 하나로 빌 게이츠를 제치고 세계 최고의 갑부로 등극한 워렌 버핏의 예를 들어 볼게요.

그는 열한 살의 어린 소년이었을 때 당시 주당 38달러였던 도시 공사의 주식을 누나에게 사라고 권했습니다. 300주나 사들였던 그 주식은 얼마 안 가 주당 7달러로 폭락하게 되었습니다. 누나는 펄쩍 뛰며 너 때문에 망했다고 버핏에게 책임을 추궁했어요. 그는 주당 40달러가 되자마자 재빨리 팔아치워서 누나에게 주었습니다. 그런데 이게 웬일입니까? 그 회사의 주식이 계속 상승해 주당 200달러까지 치솟는 겁니다. 이 사건을 통해, 어린 버핏은 2가지 원칙을 세웠고 평생그 원칙을 지켜 최고의 부를 달성했습니다.

첫째, 신중한 사고와 세밀한 계산을 통해 목표를 세운다.
둘째, 목표를 세운 후에는 쉽게 포기하거나 바꾸지 않는다.

이것이 목표설정과 관리의 진수입니다.

버핏은 평생 가치투자의 창시자인 벤저민 그레이엄의 투자법을 자신의 신념으로 삼았습니다. 그레이엄은 버핏의 스승이자 현대적인 증권분석의 창시자로 널리 존경받은 인물입니다. 그의 투자법은 성공 투자의 관건이 현재 혹은 미래의 주식시장 운영 상태에 있는 것이 아니라, 기업의 진정한 가치와 합리적인 가격에 거래되고 있는지에 대한 분석에 달렸다는 것을 핵심으로 했습니다. 버핏은 스승의 가르침을 투자 원칙으로 삼아 그 원칙을 고수해서 오직 12개의 투자 목표만으로 현재의 위치에 오를 수 있게 되었습니다. 그는 투자할 수 있는 회사가 많아서 투자자가 한 회사에 대해 알 수 있는 정보량은 매우 적을 수밖에 없다고 생각했습니다. 그래서 그는 분산투자를 자제했습니다. 투자의 다원화는 결코 투자금액에 대한 보험성 조치가 될 수 없다는 것이 그의 생각이었습니다.

어쨌거나 40년이 넘는 투자 인생에서 버핏은 앞에서 밝힌 2가지 원칙을 세웠고 평생 그 원칙을 지켜 최고의 부를 달성했습니다.

수많은 사람의 실패 원인은 애초부터 그들에게는 명확한 목표라는 것이 없었고 그래서 그 어떠한 발걸음도 내딛지 않았다는 데 있습니다. 성공하는 사람들을 지속적으로 연구해보면, 그들 모두에게는 명확한 목표와 목표를 달성하기 위한 구체적인 계획, 그리고 이에 동반되는 최고의 노력이 있었음을 알 수 있습니다. 거듭 말하지만 목표가 있느냐 없느냐의 차이는 성공하는 데 있어서 대단히 중요합니다.

뚱보강사는 어떤 사람을 만났을 때 그가 패하지 않기를 원하는지, 아니면 승리하기를 원하는지 금방 알 수 있습니다. 그 사람의 눈을 보면 알 수 있고, 그 사람의 걸음걸이를 보면 알 수 있고, 그 사람의 목소리를 들어보면 알 수 있습니다. 여러분의 목표는 우리가 초라하게 최소한의 삶을 살아가도록 허락하지 않습니다.

목표를 설정하고 그것을 적어서 늘 확인하게 되면 그 자체에 힘입어 하는 일 모두를 전보다 더 명석하고 정확하게 생각하게 됩니다. 매번 그 일을 착수하기 전에 항상 임무와 활동 사항을 적어 작업의 청사진으로 활용하세요. 여러분은 자신의 최대치를 투입해야 합니다. 인간은 승리하기 위한 삶을 살아야 합니다.

이제 여러분은 목표라는 고지를 만들고 그 산을 오르기 시작했습니다. 그리고 마음속으로는 매일 그 산을 오르게 될 것입니다.

'산에 오르면 우리는 다른 차원의 세계에 서기 때문에 새로운 시각으로 사물을 보게 된다.' 는 말이 있습니다. 여러분은 앞으로 새로운 시각으로 세상을 보게 될 것입니다.

내일은 목표를 달성하는 방법과 그 과정을 강의하겠습니다."

아이스크림의 달인이 되리라

　그날의 세미나를 듣고 정희는 충격을 받았다. 그녀는 그날도 회사 일이 적성에 맞지 않다고 생각하고 출근을 했고 온종일 자신이 하는 일에 불만을 느끼고 있었다.

　그녀는 유명 아이스크림 매장에서 근무하고 있다. 그녀는 아르바이트 직원이 아닌 시험을 쳐서 입사한 정식사원이다. 10주간의 신입사원 교육 중 6주 동안 현장실습을 하고 지금의 매장에 배치되었다. 그녀는 출근하자마자 유니폼으로 갈아입고 아이스크림을 담는 용기를 소독한다. '어떤 아이스크림이 맛이 좋을까' 고민하는 고객들을 위해 매장에서 판매되는 32가지 맛을 모두 외우고 추천하는 것은 기본. 고객들이 주문하는 아이스크림을 동그란 스쿱으로 떠내는 손놀림이 능숙하기 그지없다. 그녀가 그 직장을 선택하게 된 것은 아이스크림을 무척 좋아하기 때문이었다.

　하지만 뚱보강사의 말처럼 자기가 무엇을 좋아하는 것과 그것을 직업으로 갖는 것은 달랐다. 그녀는 우선 매장에 종일 서서 일해야 하는 것이 너무 힘이 들었고, 어쩌다 단골손님이 공연히 친한 척하며 농을 거는 것이 성희롱처럼 들려서 싫었다. 정희는 사무실에서 혼자만의 공간을 가지고 일하는 친구들이 부러워졌다. 자신은 아르바이트 직원이 아니라 시험을 쳐서 당당하게 합격한 정식 직원이니 그 꿈이 머지 않아 이루어질 것이라는 희망으로 자신을 위로하고 있는 터였다.

그런데 오늘 강의를 듣고 나니 정희는 자기가 좋아하는 일에 전문가가 되고 달인이 되려면 궂은일도 마다하지 않아야 한다는 뚱보강사의 말이 마치 자기에게 한 것 같다는 생각을 하게 되었다.

아이스크림을 좋아해서 그 직업을 선택했으면 아무 생각 없이 그 직업을 선택한 사람보다 훨씬 유리한 입장에 서 있는 셈인데 그것 자체를 몽땅 자신의 것으로 만들 생각은 하지 않고 외양적인 것에만 신경을 쓰고 일에 전념하지 않았다니!

정희는 아이스크림의 달인이 되어서 자신의 아이스크림 브랜드를 만들어 보리라 결심했다. 뻔한 커피를 가지고 세계적 브랜드를 만든 스타벅스도 있지 않은가!

정희는 10년 후에 자기 브랜드의 아이스크림 회사를 만들겠다는 목표를 세웠다. 그녀는 꿈을 가득 안은 소녀처럼 자신의 빛나는 앞날을 설계하느라고 가벼운 흥분마저 느끼고 있었다. 그녀는 집에 가면 당장 1년 후, 3년 후, 5년 후, 10년 후의 명함을 컴퓨터로 만들어서 프린트해 책상 서랍 속에 넣고 그것이 이루어지는 꿈을 꾸리라 작정했다. 세미나장을 나서는 그녀의 발걸음은 무척 가벼웠다.

한편, 그날 세미나에서 충격을 받은 사람은 또 있었다. 범수였다. 그는 자신의 목표를 적지 못했다. 10년 후에 나는 무엇이 되어 있을까? 무엇이 되어 있을지도 생각해 본 적이 없는 것 같았다. 그때는 30대 중반이 넘어서 결혼도 하고 아이도 낳아 기르는 중년이 되어 있을 텐데. 그때도 지금처럼 말단으로 지내고 있을까?

뚱보강사가 지적해준 운동, 산행, 몸무게 조절 같은 이야기는 귀에 들어왔지만 승진이나 전직 같은 일은 막연하기만 하다. 아, 이런 상태가 언제까지 계속될 것인가? 그는 자신이 한심하다는 생각이 들었다. 자신은 아직 아무것도 생각하지 않고 세상을 살았던 것만 같다는 느낌이 들었던 것이다.

그렇게 생각하며 집으로 가는 버스를 기다리는데 정류장에 아는 얼굴이 서 있었다. 정희였다. 그는 그녀를 보고 다가가서 아는 체를 했다.

"댁이 어느 쪽이세요?"

"천호동이요."

"그래요. 난 암사동이에요. 36×번 타시겠네요?"

"네."

마침 버스가 와서 두 사람은 같이 버스에 올랐다.

"목표를 적으셨어요?"

"예. 난, 아이스크림의 달인이 되어서 10년 후에 나만의 아이스크림 브랜드를 만들 거예요."

정희는 눈을 빛내며 이야기했다.

"부럽네요. 나는 못 적었어요."

"왜요?"

"무슨 인생시험 치는 것 같아서 막연하더라고요. 저, 정희 씨 이야기 좀 듣고 싶은데 천호동에 내려서 차 한 잔해도 될까요?"

"그래요."

두 사람은 버스에서 내려서 찻집으로 들어갔다.

차를 마시며 정희는 아이스크림 브랜드 이야기를 계속했고 범수는 귀를 기울이고 그 이야기를 들었다. 실은 자기가 아무런 꿈도 없다는 하소연을 하고 싶었는데 정희가 꿈꾸듯이 아이스크림 브랜드 이야기를 하자 빨려들 듯이 듣게 되었다. 정희는 생각지도 않게 자기 이야기를 많이 하게 되었지만 그렇게 이야기를 하다 보니 아이스크림 브랜드에 대한 구상이 점점 구체적인 것으로 정리되는 것이었다. 정희는 자신의 말을 귀담아 들어주는 범수가 고마웠다. 범수는 범수대로 정희의 밝은 이야기를 들으며 자신도 저렇게 목표를 세우고 일을 구상하면 되겠구나 하는 생각이 들어서 정희의 이야기를 자세히 듣게 되었다.

두 사람은 서로에게 호감을 느끼고 있었다.

브라이언 트레이시의 목표 달성의 기술

1. 기한을 정하지 않은 목표는 총알 없는 총이다.

기한 없는 목표는 탁상공론이다.

기한이 없으면 일을 실행시켜주는 에너지도 발생하지 않는다.

당신의 삶을 불발탄으로 만들지 않으려면 분명한 기한을 정하라.

2. 독수리가 되고 싶다면 독수리 떼와 함께 날아라.

늘 교류하는 준거 집단의 선택이 목표 달성을 좌우한다.

칠면조 무리에 섞여 있으면서 독수리를 꿈꾸지 마라.

목표에 걸맞은 사람들과 교류하라.

3. 목표는 긍정문, 현재 시제 일인칭.

잠재의식은 긍정적인 명령 처리와 현재 시제에 잘 반응한다.

또한 목표는 개인적이어야 한다.

개인적인 동기가 나를 움직이기 때문이다.

4. 목표는 간결해야 한다.

목표 달성을 이루려는 사람은

여기저기 총알을 퍼붓는 기관총 사수가 되어서는 안 된다.
단 한 번에 목표물을 날려버리는 저격수가 되어야 한다.

5. 성공한 모습을 머릿속에 그리며 살아라.
육체는 신경 에너지의 명령에 따라 움직인다.
마음속에 성공을 그리는 행위는,
자신의 중앙 컴퓨터에 성공을 프로그래밍하는 것과 같은 효과를
발휘한다.

6. 마무리 5%가 성공을 좌우한다.
많은 사람이 95%까지는 열심히 일하다 막판에 목표 달성을 포기
한다.
포기하는 것도 유혹이다.
마지막 5%가 남았을 때 다가오는 포기의 유혹을 이겨내라.

7. 잘못을 인정하라. 그래야 문제를 통제할 수 있다.
내가 변하지 않는 한 아무것도 변하지 않는다.
삶에 대한 책임이 전적으로 나에게 있다는 사실을 인정하는 순간,
우리는 비로소 목표의 주인이 될 수 있다.

인정하지 않으면 행동도 할 수 없다.

8. 목표 달성에 대한 대가를 두려워하지 마라.

성공은 반드시 대가를 요구한다.

성공한 다음 대가를 치르면 된다는 생각을 버려라.

성공으로 가는 엘리베이터는 그때그때 대가를 치러야 움직이다.

SECTION 03

강점으로
공헌하라

"나는 재미있게 즐기는 쪽을 택한다. 재미는 즐거움을 남긴다.
즐거움은 참여를 부른다. 참여는 주의를 집중시킨다.
주의는 앎을 퍼트린다. 앎은 통찰을 촉진한다.
통찰은 지식을 가져온다. 지식은 행동을 촉진한다.
행동은 결과를 가져온다."

존 맥스웰

목표를
붙여놓고

정희는 출근하기 전에 자신이 쓴 목표를 방 안 벽에 붙이고 한참을 들여다보았다.

나의 플랜

1년, 매장의 팀장이 된다.

3년, 본사 사업부에 들어가서 일하며 나만의 브랜드를 만드는 수업을

시작한다.

5년, 자립을 위한 준비를 시작한다.

10년, 나만의 아이스크림 브랜드를 만든다.

정희는 목표를 적은 종이와 그 시기에 맞는 직함의 명함도 프린트 해서 책상 서랍 속에 넣어 두었다.

나만의 아이스크림 브랜드!

일단 막연하게만 생각했던 자신의 미래에 그런 목표를 설정했다는 것이 무척 기뻤다. 브랜드의 이름은 떠오르지 않아서 적지 못했다.

한참을 들여다보았더니 10년 후에 아이스크림 브랜드를 만들고 창 업주가 된 자신의 모습이 머릿속에 그려졌다. 정희는 혼자서 '아자, 아자, 파이팅!'을 외쳤다.

꿈이 너무 거창하다는 생각이 들고 쑥스러워서 방문 밖에 붙이지 는 못하고 집을 나섰다.

정희는 자신의 목표를 달성하기 위한 우선순위를 결정했고 목표를 달성하려면 자신의 실력을 높여야 한다고 다짐했다. 그래, 우선 일을 열심히 배우자. 32개 아이스크림의 이름과 맛을 외우는데 그치지 말고 아이스크림의 소재, 배합률, 그 원료의 영양가, 원산지, 각 아이스크림을 좋아하는 연령대와 성별을 알아야 한다. 또 다른 업체, 다른 나라 사람들의 아이스크림에 대해서도 알아야 한다. 그리고 또 중요한 일은 자금을 만드는 일이다. 저축을 해야 한다. 10년 후에 자립하려면 자금이 있어야 한다. 수입의 절반 이상을 저축하자. 어떤 방식의 저축이 좋을까?

내가 가장 잘하는 일은?

내가 꼭 하고 싶은 일은?

영표는 출근해서 회사 일을 하며 계속 생각에 매달려 있었다.

나는 어떤 정보를 좋아하나?

내가 크게 노력하지 않아도 쉽게 성취하는 일은 있었던가?

나는 다른 사람과 함께 일하는 것을 좋아하나? 혼자 일하는 것을 좋아하나?

나는 어떤 종류의 성공을 좋아하나? 고수입, 명예, 지위, 자립?

나는 몰랐는데 다른 사람이 발견해준 장점은?

영표는 뚱보강사가 말한 것들을 반추하면서 왜 자신은 이 나이 먹도록 목표설정도 제대로 못 하고 있는가를 곰곰이 생각하고 있었다.

그래 나는 아직 가치정립이 안 되어 있어. 이따위 회사에 내 청춘을 묻을 수는 없지.

뚱보강사는 다니는 회사를 사랑하라고 하지만 이 회사에 애사심을 갖는다는 것은 쉽지 않은 일이었다. 하지만 문제는 자신에게 있어 보였다.

나는 아직 인생의 사명 같은 것을 느낄 수 없었어. 그래 추구하는 가치가 분명하지 않으면 우유부단해진다고 했어. 추구하는 가치가 분명할 때 과단성 있는 행동을 할 수 있어.

그러다가 영표는 지금 다니는 회사를 죽은 듯이 다니다가 10년 후에 자립해서 오너가 되는 목표를 세워보았다. 그는 자기 사업을 하고 싶었다. 월급쟁이보다는 사업을 하는 것이 돈을 더 많이 벌 수 있고 자유로울 것 같았다. 또한 자신은 조직 생활보다는 자유로운 생활을 원하고 있지 않은가.

심사숙고 끝에 10년 후 자립할 것을 목표로 삼고 아무도 몰래 종이에 그것을 적었다.

그런데 저녁이 되어서도 자신이 적은 목표를 달성할 수 있을 것 같다는 기분이 들지 않았다. 아니, 목표 자체가 구체적인 감으로 다가오지 못하고 억지로 그린 그림 같았다.

'그림이 안 그려지면 잘못 들어선 길입니다.'

뚱보강사의 말이 쟁쟁하게 울리는 것이었다.

무한경쟁 시대에, 24시간 사회에, 자기 같은 인간은 맞지 않는다는 생각조차 들었다. 차라리 목가적인 농경시대가 맞는다는 기분이다. 그렇다고 아버지가 계신 고향으로 내려갈 생각은 없었지만. 하긴 농사지을 땅도 없었다.

영표는 이래저래 이렇다 할 능력도 없이 가난한 집에 태어난 신세가 따분했다. 그러자 친구인 명우 생각이 났다.

녀석은 고교시절 친하게 지낼 때는 잘 몰랐는데 다른 대학을 다니고부터 다른 세계의 인물 같다는 기분이 든다. 녀석은 이제 대기업을 다니고 있으니 5년, 10년 후에는 서로 만나기도 어려울 거야.

태란과 명우는 같은 차를 타고 세미나장으로 향했다.

"너, 전에 말한 대로 목표를 정했니?"

"응. 20년 대계大系를 세웠지. 누나는 무슨 목표를 세웠어?"

"내 꿈은 현모양처야."

태란은 아주 가볍게 농담으로 받았다.

"겨우 그게 다야?"

"왜, 현모양처가 어때서?"

"사귀는 남자가 있는 거야?"

"좋은 남자 있으면 시집이나 가려고. 나는 너무 앞으로만 달려가는 사람들이 무서워. 그들과의 경쟁에서 이길 자신도 없고. 그림이 잘 안 그려져."

"뚱보강사가 그림이 안 그려지면 잘못 들어선 길이라고 했잖아?"

"그러니까 현모양처나 되어야지."

"공연히 나 떠보려고 하는 소리 같은데. 난 그림을 그렸어. 목적지에 가닿도록 열심히 달려야지. 아이아코카는 대학을 졸업하고 포드자동차에 입사하면서 35살에 포드의 부사장이 되는 꿈을 꾸었는데 그대로 되었어. 또 김영삼은 중학교 때 '대통령 김영삼'을 벽에 붙여놓았는데 그대로 되었고. 그래서 나는 '○○그룹 회장 이명우'를 붙여 놓았어."

"야, 너, 대단하다."

태란이 존경스런 시선으로 명우를 바라보았다.

"누나는 무슨 목표를 세웠어?"

명우가 진지한 시선으로 태란을 바라보며 물었다.

"난, 꿈이 현모양처라니까."

명우는 태란이 속셈을 감추고 엉뚱한 소리를 하고 있다고 생각했다. 차는 어느새 세미나장에 도착했다.

우선순위 목표 실행방법

"오늘은 세 번째 강의입니다. 어제 작성한 목표관리 페이퍼를 집에 붙여 놓으셨나요?"

모두들 예, 하고 큰 소리로 대답했다. 아니요, 라고 대답하는 소리도 간간이 들려왔다.

"좋습니다. 아직 목표를 설정하지 못한 분도 있을 겁니다. 그러나 걱정하지 마세요. 오늘은 그 목표를 어떻게 달성할 것인가를 말씀드리는 날입니다. 오늘의 주제는 '강점으로 공헌하라.' 입니다. 요즘 직장인들은 나이가 들고, 직급이 올라갈수록 불안해합니다. 그것은 '오류도', '사오정', '삼팔선' 만의 일이 아닙니다. 요즘에는 '이태백' 이란 말이 나돌 정도로 이십대들에게도 그런 위기는 오고 있습니다. 하지만 그것은 자신의 강점을 살리지 못한 사람들의 이야기입니다. 젊은이들은 취업이 어렵다고 아우성이지만 기업들은 인재가 없다고 난리입니다.

『목표관리』란 책을 쓴 아사에 스에미츠는 이런 말을 했어요.

"목표관리는 보통 사람이, 보통의 의욕으로, 보통으로 노력해서, 보통 이상의 성과를 올리는 수단을 만드는 것이다."

말하자면 목표관리는 보통 사람이 하는 일이라는 겁니다. 뚱보강사는 여러분에게 보통 사람이 보통 이상의 성과를 올리는 비결을 가르쳐 주는 사람입니다. 여러분 믿지요?'

그러자 모두 예~, 라고 길게 응답을 했다.

"그렇습니다. 여러분은 불안해할 필요가 없어요. 문제는 절차와 방법입니다. 목표관리의 80%는 절차와 방법이 지배하는 것입니다. 여러분은 사전 준비와 프로세스 집중력이 강한 사람이 성공한다는 것을 명심해야 합니다. 목표설정과 관리, 그리고 성취에서 가장 중요한 것은 우선순위 설정입니다. 그것은 아마 실천력보다 중요한 것일 수도 있습니다. 왜냐하면 우선순위를 잘못 정해 놓으면 하는 일마다 헛발질이 연속되게 되고 그러다 보면 사람이 김이 빠지고 지치기 때문입니다. 우선순위의 일을 찾아내는 데 유명한 아이젠하워 법칙이란게 있습니다.

'긴급한 일 중에 중요한 일이 없고, 중요한 일 중에 긴급한 일이 없다.'

이 한마디로 아이젠하워 법칙은 정의됩니다. 말하자면 올바른 우선순위란 지금 당장 급한 일을 하는 것보다 급하지는 않지만 중요한 일을 먼저 하는 것입니다.

로버트 맥케인은 이런 말을 했습니다.

"가장 중요한 목표가 성취되지 않는 이유는 우리가 두 번째로 중요한 일을 하는데 시간을 낭비하기 때문이다."

정말 맞는 말입니다. 똥보강사는 10년차가 넘는 직장인 중에서도 그런 사람을 너무 많이 보고 있어요.

우선 끝내야 할 가장 중요한 일이 무엇인가?

사람들은 대부분 그 일이 무엇인지를 압니다. 문제는 뻔히 그 일을 알면서 하지 않거나 못한다는 겁니다.

여러분도 오늘 반드시 처리해야 할 일이 있음에도 하기 싫어서, 게을러져서 혹은 공연히 심사가 나서 그 일을 미루고 빈둥거리거나 딴 짓을 한 경험이 있을 겁니다. 그리고 나면 다음에 반드시 후회를 하게 되죠. 그런 횟수가 많은 사람일수록 진도가 안 나가고 문제가 있는 사람이죠. 그런 사람들은 대부분 우유부단한 사람들입니다. 또한 최고가 되겠다는 결심이 없거나 약한 사람입니다.

여러분이 높은 연봉을 받고 성공을 거머쥐려면 우선순위 과제를 반드시 달성해야 합니다. 업무와는 상관없는 곳에 정신을 팔지 말고 오직 그 일에만 매달리는 습관을 가져야 합니다. 그러면 여러분은 무슨 일을 하든, 원하는 일이 무엇이든 반드시 성공을 이룰 수 있습니다. 그것이 성공한 사람들의 핵심 전략입니다. 우선순위 과제를 정하고, 그것을 완수할 때까지 뒤를 돌아보아서는 안 됩니다. 잘나가는 억대 연봉자들에게 물어보세요. 시정배들처럼 누가 술 마시자면 쪼르르 달려나가서 술 마시고, 당구 치자면 당구 치고, 놀러 가자면 놀러 가면서 성공한 사람은 없습니다.

뚱보강사는 말합니다. 여러분! 성공하려면 독해져야 합니다. 성공은 여러분의 인적 품성에 대한 원초적인 시험이자 의지력에 대한 시험입니다. 그것은 크게 성공하려면 반드시 갖추어야 할 가장 중요한 덕목이자 힘든 일이고 습관이기도 합니다. 그러나 그 일이 그렇게 어려운 것만은 아닙니다. 사례를 들어 볼게요.

첫날 강의에서 철강왕 앤드류 카네기 이야기를 했는데 카네기를 도와서 카네기 철강제국을 만들었던 실질적인 주인공은 찰스 슈왑입니다. 카네기는 철강왕으로 알려졌지만 실제로 철에 대한 전문적 제조방법에 대해서는 아는 바가 거의 없었습니다.

카네기는 경영자로서의 역할만 하고 실제로 카네기 철강제국을 움직인 사람은 찰스 슈왑이었어요. 그는 아주 젊은 시절에 카네기에게 발탁되어서 오늘날 미국 철강업계의 골격을 완성한 사람입니다. 용

인술의 달인인 카네기는 슈왑이 20세가 되었을 때, 수석 엔지니어 겸 관리인의 직책을 주었고, 슈왑이 28세가 되자 회사경영의 동반자로 삼았습니다. 그것은 슈왑의 성실성과 뛰어난 자질 때문이었습니다. 그는 19세기 말 미국에서 일어난 노동쟁의 중에서 가장 유명한 홈스테드 공장의 노사 갈등을 성공적으로 해결함으로써 35세가 되던 1897년에 카네기 철강회사의 사장이 되었습니다.

그 무렵 한 사나이가 그를 찾았습니다. 그는 아이비 리라는 미국 최초의 경영 컨설턴트로서 훗날 부호의 대명사가 된 석유왕 록펠러의 경영 컨설턴트가 된 아주 탁월한 사람입니다.

리는 젊은 나이에 카네기의 신임을 얻어 카네기 제국을 접수한 사나이를 만나려고 여러 차례 시도를 했습니다. 하지만 슈왑은 도저히 시간을 낼 수 없었어요. 그러자 아이비 리는 한 가지 아이디어를 생각해 냈습니다. 그것은 시간을 여유 있게 쓰는 법을 전수해 주겠다는 것이었지요. 늘 빡빡한 스케줄에서 벗어날 수 없어 고민하던 슈왑은 그제야 그를 만나 주었습니다. 슈왑은 반색을 하며 리에게 물었습니다.

"정말로 그런 방법이 있단 말입니까?"

그런데 리의 대답은 너무나 단순했습니다.

"그럼요. 우선 내일 처리해야 할 일 중에서 우선순위를 정해서 여섯 가지를 적으세요. 그리고 내일은 반드시 그 순서대로 일을 처리하는 겁니다. 다음 날도 그렇게 하시고요."

너무나 간단한 처방에 맥이 빠졌지만 리는 이렇게 말했습니다.

"만약 이 방법이 효과가 있다면 상담료를 지불 해 주시기 바랍니다."

슈왑은 반신반의했지만 다음 날부터 리의 제안을 실천해 보았습니다. 그것은 정말 효과가 있었습니다. 어떤 날은 여섯 가지 일을 모두 처리하지 못하는 날도 있었지만 사람이 아무리 바빠도 하루에 여섯 가지 이상의 일을 하지 못한다는 것도 알게 되었습니다. 그리고 너무 바빠서 한두 가지 일을 처리하지 못했다 하더라도, 그 일들은 다음 날 처리하면 문제가 없는 가벼운 사안이었던 것이죠. 슈왑은 자신의 업무가 놀라울 정도로 정돈되고 효율적으로 바뀌었다는 것에 무척 기뻤습니다. 그는 두 달 후 리에게 상담료로 2만 5천 달러를 지불했습니다.

슈왑은 카네기가 은퇴하자 금융재벌 JP 모건과 손을 잡고 군소 철강업체들을 통합해서 세계 최대의 철강회사인 'US 스틸'을 설립하는 데 성공했고, 초대 회장으로 취임했습니다. 그때 그의 나이 불과 39세였습니다. 그 후 그는 아주 넉넉하게 시간 관리를 하면서 매년 2백만 달러의 연봉을 받으며 철강제국을 움직여 나갔습니다.

뚱보강사는 말합니다. 어제도 말씀드렸지만 목표 관리는 시간 관리입니다.

여러분 반드시 우선적으로 끝내야 할 일의 목록부터 작성하세요. 찰스 슈왑이 하루의 목표를 적고 그것을 행했듯이 매일 할 일 6가지를 차례대로 적으세요. 여러분도 슈왑처럼 놀라운 효과를 보게 될 것입니다. 며칠 안에 그 효과를 느끼게 되면 다음에는 하루의 목표를 적듯이 주간 단위, 월간 단위, 연간 단위 목표를 적고 실천하세요. 그 것이 목표관리, 시간관리의 기본입니다. 그것만 실천해도 여러분은 목표의 절반을 달성할 수 있을 것입니다. 매일의 목표도 주일 목표나 매달의 목표나 한 해의 목표나 3년, 5년, 10년, 30년 후의 인생의 목표 나 실천방법은 마찬가지입니다.

찰스 슈왑이 아이비 리에게 준 상담료 2만 5천 달러는 지금 돈으로 환산하면 수천만 원에 해당할 겁니다. 그렇다면 슈왑이 돈이 차고 넘 쳐서 그 돈을 준 것일까요? 아니면 아이비 리가 사기를 쳐서 그 돈을 받은 것일까요? 아닙니다. 두 사람은 세계 경제사에 이름이 남을 만큼 뛰어난 인재들이었습니다. 두 사람은 멋진 거래를 한 것이죠. 정상에 선 사람들은 최고가 되겠다는 결심과 실천이 뛰어납니다. 그래서 슈 왑은 자신에게 시간 관리의 비법을 가르쳐준 아이비 리에게 아낌없이 상담료를 준 것입니다. 바로 이것이 가장 위대한 성공의 비밀입니다.

그런데 뚱보강사는 이따금 답답함을 금치 못합니다. 흔히 워커홀 릭이라는 사람들도 일하는 스타일을 보면, 자신의 능력과 시간을 효 율적으로 분배하지 못하는 경우가 너무나 많기 때문입니다. 그것은 일을 즐기는 것이 아니라 일에 쫓겨 다니는 삶입니다. 여러분은 제 발 그러지 마세요. 시간을 가장 가치 있게 쓸 수 있는 것은 한 가지 일을 결정하고, 다른 일에 한눈을 팔지 말고 100% 완수될 때까지 그 과제에 매달리는 것입니다.

늘 가장 가치가 큰 과제에 집중하세요. 한 가지 일에 집중하는 능력이야말로 높은 생산성을 가져다줄 것이고 그 능력은 머지않아 최고의 업무 수행 능력을 갖추는 습관을 부여할 것입니다. 일단 이것이 습관화되면 나머지는 자동으로 이루어집니다. 한 가지를 이루면 다른 것은 따라온다는 것을 명심해야죠.

거듭 말하지만 그 일을 처리할 때에는 다른 일은 절대로 하지 말고 오직 그 일만 하세요. 이러한 습관 하나만으로도 여러분은 성공할 수 있습니다. 가장 단순하면서도 가장 기초적인 이 원칙만 지키면 끝이 보이지 않을 것 같은 일이 이미 끝나 있다는 놀라운 체험을 하게 될 겁니다. 여러분은 젊고 혈기가 넘치고 때론 세상물정을 잘 모르는 탓에, 아직 시간이 많다는 생각을 하고 우선순위 목표의 순서를 바꾸고 싶은 유혹이나 충동이 끊임없이 생길 겁니다. 그러나 명심할 것은 인생에는 시간이 별로 없다는 겁니다. 이렇게 말하면 여러분 중에는 무슨 소리인가 하고 의아해하는 분들도 있을 겁니다. 물론 여러분은 아직 젊고 일할 시간도 많지요. 앞으로는 40년, 50년 일해야 할 겁니다. 하지만 미래를 준비해야 하는 시간은 불과 5년, 6년밖에 남아 있지 않아요. 30살이 넘어서, 35살이 넘어서도 뚱보강사의 강의를 들으러 다녀서는 안 된다는 말입니다. 여러분은 30살 전에 모든 준비를 끝내야 합니다. 이쯤 말하면 뚱보강사가 왜 시간이 별로 없다고 했는지 이해할 겁니다."

자신의 강점을 찾아라

"뚱보강사가 말하는 자기 계발의 출발점은 자기 자신의 강점을 제대로 아는 것입니다.

피터 드러커가 들려준 조언에 귀 기울여 볼까요.

"사람이 가진 강점이야말로 진정한 기회이다. 약점을 바탕으로 생산성을 향상시킬 수는 없다. 높은 결과를 얻기 위해서는 이용 가능한 모든 자기의 강점을 활용해야 한다. 사람은 오직 자신의 강점을 통해서 최대한 능력을 발휘할 수 있다."

드러커의 말처럼 여러분의 우선순위 목표는 자신의 강점을 살리는 방향에서 선정되어야 합니다. 하지만 자신의 강점을 발견하는 것이 쉬운 일은 아닙니다.

어렴풋이 그것이 자신의 재능이고 성격인 것으로 생각하고 있지만 그것이 강점인지를 구체적으로 알지는 못하는 것이죠.

나의 강점은 무엇인가? 축복받은 재능을 찾아내는 일은 무척 중요한데 사실 이 부분이 가장 쉬운 듯하면서 가장 어려운 부분이죠. 당신에게는 어떤 재능이 있습니까? 당신이 가진 재능을 매일같이 발휘하고 있나요? 어떨 때 가장 행복한가요? 오늘 하루도 즐거운가요?

대부분의 사람은 자신이 잘하는 것이 무엇인지 알고 있다고 생각합니다. 그러나 대부분은 잘못 생각하고 있는 경우가 많아요. 만약 여러분이 자신감을 가지고 내달리지 못하고 있다면 그것은 자신의 강점을 제대로 알지 못하고 있다는 말이 되는 겁니다.

누군가 '당신의 강점은 무엇인가?'라고 묻는데 자신 있게 이야기할 수 없다면 여러분은 지금 당장 자신의 강점을 찾는 작업부터 해야 합니다.

1969년, 세계적 여론조사 기관인 갤럽의 회장이던 도널드 클리프턴 박사는 갤럽의 심리학자들과 함께 성공을 낳는 사고방식과 감성, 행동양식을 구분하는 조사를 시작했습니다. 클리프턴은 당시 정통 심리학자들이 뛰어난 결과를 낳는 요인보다 정신 이상을 연구하는 데 지나치게 편중하고 있다고 생각하고 정상인의 인성 속에 숨어 있는 강점을 발견하기 위한 수학적, 언어적, 논리적 검사 프로그램을 만들었습니다. 그때 만든 그의 프로그램은 희망, 목적의식, 몰입, 복원력, 행복 등에 주목한 '강점 발견 프로그램'인 스트렝스 파인더The Clifton Strength Finder였습니다. 갤럽은 이 프로그램을 전 세계 18개 언어권에서 2백여만 명을 대상으로 인터뷰하고 연구했습니다. 이 프로그램은 서로 다른 재능 영역을 찾게 되어 있는데 그렇게 찾아낸 34가지의 강점은 이렇게 나타납니다.

개발자/개인화/경쟁/공감/공평/관계자/긍정성/매력/맥락/명령/미래지향/복구자/분석가/사고/성취자/신념/신중함/연결성/의사소통/자기확

신/적응력/전략/조정자/조화/중요성/질서/
착상/책임/초점/최상주의자/탐구심/포괄
성/학습자/행동주의자

그때부터 갤럽은 개인의 타고난 재능을 정확히 파악하여 최대한 발휘하도록 도와주는 운동을 펴나갔습니다. 그러자 세계적인 기업들이 직원들의 강점을 찾아주는 긍정 심리학 운동을 따라 하기 시작했습니다. 유능한 경영자, 관리자일수록 부하직원의 타고난 재능을 정확히 파악해서 최대한 능력을 발휘하도록 도와주고 있습니다.

도널드 클리프턴은 갤럽 회장을 그만둔 후에 SRI 경영컨설팅사를 설립해서 30년 동안 포춘 500대 기업과 학교, 스포츠팀에 컨설팅 서비스를 하면서 인간의 강점을 활용하기 위한 강점심리학strengths psychology의 기초를 확립했습니다.

그는 『위대한 나의 발견 강점 혁명Now, Discover Your Strengths』이라는 책을 출간하기도 했는데, 그의 강점이론의 핵심은 성공하려면 자신의 강점을 찾아서 거기에 노력을 집중해야 한다는 것, 한 마디로 "강점에 올인All In하라."는 것입니다.

그렇다면 강점은 어떻게 찾을 수 있을까요?

갤럽은 인터넷으로 그 프로그램을 제공하고 있습니다. www.StrengthsFinder.com에 접속한 다음 한국어 버전을 선택해서 지시대로 따르면 테스트를 받을 수 있습니다. 200만 명의 설문조사를 통해 만들어진 이 프로그램은 문답형식으로 되어 있는데 무의식적인 진술을 통해 스스로 자기의 테마를 찾을 수 있습니다. 인터넷으로 접속해서 아이디를 받으면 40분간 180문제를 풀고 34가지 재능의 테마를 측정해서 자신의 재능 중 가장 두드러진 5가지 테마를 발견하게 해줍니다. 여러 사람의 테스트 결과를 보면 다음과 같은 부분들이 강하게 대두됩니다.

개인화(Individualization), 경쟁(Competition), 맥락(Context), 분석력(Analytical), 사고형(Intellection), 신중함(Deliberative), 적응력(Adaptability), 조정자(Arranger), 탐구심(Input), 책임(Responsibility), 조화(Harmony), 미래지향(Futuristic), 복구자(Restorative), 의사소통(Communication).

우리나라에서도 일부 기업에서는 신입사원을 선발할 때 스트렝스 파인더로 테스트하는 곳이 있어요.

많은 직장인이 이 테스트를 해보면서 자신에 대한 이해를 높일 수 있었고 동료나 상사들에 대한 이해도 높일 수 있었다고 합니다. 스트렝스 파인더로 테스트한다고 가정하고 예를 들자면 이렇습니다.

한 회사의 중역들이 비행기를 타고 출장을 가고 있다고 합시다. 그런데 갑자기 비행기가 요동을 치기 시작했고 비상 경보장치가 울렸습니다. 중역들의 반응은 각기 달랐습니다.

중역 A는 "무슨 일이야? 누구 계기판 볼 줄 아는 사람 없어?" 라고 외쳤습니다.

중역 B는 보드카 병을 꺼내 "죽기 전에 술이라도 마셔야지."라고 농담을 했습니다.

중역 C는 안전벨트를 풀고 일어서서 "우왕좌왕하지 맙시다."라고 소리쳤습니다.

중역 D는 이 모든 상황을 차근차근 관찰하고 있었습니다. 그는 나중에 "기류 때문에 비행기 고도가 조금 낮아졌을 뿐 큰 이상이 아니라는 걸 알고 있었다."라고 말했습니다.

여기서 한 회사의 중역으로 성장한 사람들의 나름대로 강점이 드러난 것입니다.

A는 정확성을 중시하는 성격으로 소프트웨어 개발 분야의 선두주자가 됐고, B는 어떤 상황에서도 유머를 잃지 않는 낙천성과 편안함으로 영업 분야에서 활약했습니다. C는 용기와 리더십으로 CEO가 됐고 D는 날카로운 관찰력으로 관리 분야의 책임자가 됐습니다.

사람들은 이처럼 각기 다른 강점을 지니고 있습니다. 누군가가 만약 쓸데없을 정도로 남의 시시콜콜한 일에 관심이 많다면 그 사람은 '개인화' 능력을 지닌 사람입니다. 이런 사람은 사내연수를 담당하거나 성과급제도 설계업무를 하면 좋을 겁니다.

주변 사람이 지금 무엇을 하고 있는지 본능적으로 알아차리는 사람이 있다면 그는 '경쟁' 능력을 타고난 사람입니다. 이런 사람은 이기려고 무엇이든지 합니다. 목표를 구체적으로 정해 놓은 일이나 라이별이 많은 일에 적당합니다.

역사책을 좋아하고, 현실에서 어떤 일이 벌어졌을 때 자꾸 과거를 돌이키는 사람은 '맥락' 을 이해하는 능력을 갖춘 사람이라고 볼 수 있겠죠. 당연히 사례연구나 분석이 필요한 일에 강점을 보이는 유형입니다. 이야기를 할 때 상황을 설명하기 좋아하거나, 증거를 잘 대는 사람은 '분석력' 이 뛰어난 사람입니다. 이런 사람들은 정리되지 않고 혼란스러운 것을 못 참는 성격이라서 조직이 중요한 의사결정을 해야 할 때 탁월한 능력을 발휘하는 유형입니다.

혼자 생각에 잠기는 것을 좋아하는 사람들은 '사고형' 인간이라고 볼 수 있죠. 이들에게는 업적이나 사람에 대한 평가를 하는 일을 맡기면 잘해냅니다. 개인적인 이야기를 절대 하지 않고, 누군가와 쉽게 친해지지 않는 사람들은 '신중함' 이라는 장점이 있는 경우가 많습니다. 사생활을 중시한다는 단점이 있기는 하지만 이런 사람들은 막후협상에 능합니다. 미래의 목표를 세우는 것을 좋아하지 않고 하루하루에 만족하면서 사는 사람들은 순간적인 '적응력' 이 높습니다. 이들은 장기적인 과제에 약하고 단기과제에 탁월한 능력을 보입니다. 늘 책상을 잘 정리하거나 회식자리에서 복잡한 상황을 잘 정리하는 사람은 '조정자' 가 될 소질이 다분합니다. 이들에게 새로운 프로젝트팀의 구성원을 선정하는 일을 맡기면 뛰어난 능력을 보입니다. 또 동시에 여러 가지 일을 할 때도 능력을 발휘합니다.

스트렝스 파인더는 가치설정, 비전정립, 목표수립, 지식과 기술습득, 습관 만들기, 활동계획수립, 행동으로 실천하기 등 7단계의 포컬 포인트 프로세스Focal Point Process를 통해 재능을 발견, 계발하는 방법을 알려주고 있습니다.

여러분! 이러한 테스트를 거쳐서 자신의 내부에서 들리는 소리에 귀 기울이며 지금 하고있는 일과 과거에 했던 일들을 생각해 보세요. 그것은 자신이 어떤 일을 할 때 재미를 느끼고 최고로 잘할 수 있었는가, 에 답하는 일입니다. 그간의 실적을 점검하고 성공사례를 찾아 강점으로 키워나가면 됩니다. 특히 중요한 것은 자기 계발을 언급할 때 직장인이라면 반드시 '일' 과 관련되는 분야에 집중하려고 노력해야 한다는 점입니다."

약점은 잊어버리고 강점에 집중하라

"직장인 중에서 자기 계발은 약점을 보완하는 것으로 인식하는 사람들이 많습니다. 나는 말을 잘 못하니까 스피치 학원에 다녀서 언변을 늘려야겠어, 글을 잘 못 쓰니 표현력을 기르는 공부를 해야겠다고 생각합니다. 그런데 약점은 아무리 노력해도 크게 나아지지 않는다고 합니다. 음치인 사람에게 노래공부를 시키면 어느 정도 잘할 수는 있겠지만 빼어난 가수는 되지 못하는 것이죠. 그런데도 사람들은 자신이 지닌 가장 뛰어난 재능, 강점은 내버려두고 약점을 보완하는 데

만 매달리며 살아갑니다. 가장 성과가 약한 일에 가장 많은 시간과 돈을 투자하는 꼴이죠.

강점과 약점에 대해서 이야기하자면 마이클 조던의 경우가 적절한 사례를 보여주고 있습니다. 그는 '농구의 황제'로 불리며 20세기가 낳은 가장 뛰어난 선수로 평가받는 인물입니다. 그런데 그는 농구에서 무적의 파워를 자랑하게 되자 욕심이 생겼습니다. 자신은 농구뿐만 아니라 모든 운동을 다 잘할 수 있다는 자만심이 생겨서 야구와 골프에 도전했습니다. 그러나 결과는 참담했지요. 그는 피나는 노력에도 실패의 쓴맛을 봐야 했습니다. 마이클 조던은 야구와 골프에는 별로 소질이 없었고 그의 성공은 그가 강점을 가진 농구에서만 이루어진 것입니다. 신은 한 사람에게 모든 것을 다 주지 않는 것입니다.

그래서 도널드 클리프턴은 '약점을 보완하는 데 치중하지 말고 강점에 집중하라.'고 외치고 있습니다. 자기 계발은 자신의 강점을 발견하고 집중적으로 활용함으로써 스스로 차별화시키는 것입니다.

자기 분야에서 일가를 이룬 사람들은 '강점을 강화하여 약점까지 커버'하는데 성공하고 있습니다. 그들에게는 강점을 활용해서 사물의 핵심으로 다가서는 능력이 있어, 더 높은 수준의 목표를 달성하곤 합니다.

이제 뚱보강사는 여러분에게 주문합니다. 당신의 강점을 100개 이상 찾아내라.

여러분 중에는 아마 눈이 휘둥그레질 사람이 있을 겁니다.

'한두 개도 아니고 100개를 어떻게 찾는단 말인가?'

그런데 뚱보강사는 이 세미나에서 수많은 수강생에게 '강점 100개 찾기' 과제를 부과했고 이 세미나가 끝날 때까지 모두가 100개 이상의 강점을 찾게 하였습니다. 100개 이상의 강점을 찾게 되면 여러분은 자신이 지닌 단점은 잊어버릴 수 있습니다. 여러분의 내면에도 규모의 경제가 이루어지는 셈이죠. 100개의 강점을 찾아내어 그것을 최대한 계발해서 자신의 능력으로 활용할 수 있는 사람은 세상에 대단한 업적을 남기는 사람이 될 것입니다.

그런데 여러분이 여기서 간과해서는 안 되는 일이 있습니다. 강점만 살리고 단점을 없애는 작업은 생각보다 쉬운 작업이 아닙니다.

테니스 선수 슈테피 그라프의 예를 들어보겠습니다.

그라프는 포핸드에 아주 강한 선수였습니다. 그는 기회가 올 때마다 이 포핸드를 사용해서 승리를 거머쥐곤 했습니다. 자신이 상대적으로 약한 백핸드를 보강하는 대신 빠른 걸음으로 부지런히 움직여서 자신의 강점인 포핸드를 사용할 기회를 많이 만들고자 노력했습니다. 그러자 그를 상대하는 선수들은 그라프의 백핸드 방향으로 맹공격했습니다. 그라프는 하는 수 없이 백핸드를 보강하는 쪽으로 나갈 수밖에 없었습니다. 그 결과 그라프는 경기에 흥미를 잃어버렸습니다. 그것은 이기는 경기에 주력하는 것이 아니라 패하지 않으려고 싸우는 것이 되었기 때문입니다.

이기려고 하는 게임과 지지 않고자 하는 게임은 엄청나게 큰 차이가 있는 것이죠.

뚱보강사는 여러분에게 이기는 게임을 주문합니다.

자신의 약점을 상대로 싸우는 사람은 기껏 평균에 도달하고자 많은 에너지를 소모하는 사람입니다. 여러분은 오직 자신의 강점으로만 성과를 올려야 합니다. 여러분을 성공으로 이끄는 것은 강점을 살리는 것입니다.

뚱보강사는 말합니다. 당신의 강점은 무엇인가? 최고로 잘할 수 있는 일을 하는 것이다!'

세 번째 선택 – 강점으로 공헌하라

"강점을 찾은 다음에는 성과에 집중해야 합니다.

여러분이 세 번째 선택해야 할 과제는 '강점으로 공헌하라.' 입니다.

'어떻게 강점을 살리고 성과를 올려서 회사에 공헌할 것인가?' 하는 문제는 앞에서 선택한 두 가지 선택과는 성질이 다른 선택입니다. 두 선택은 여러분 각자의 문제였지만 이제부터는 선택의 문제가 아니라 바로 사활이 달린 과제이기 때문입니다.

또 이번의 선택이 아주 탁월했다고 해도 그것이 바로 가시적인 성공으로 이루어지는 것도 아닙니다. 초년병 시절에는 아무리 강점을 살리고 회사에 공헌할 목표를 정해놓고 노력을 기울여도 큰 성과를 올리지 못하는 경우도 많습니다. 온종일 그 일에 매달려 노력을 기울여도 아무것도 낚지 못하는 수도 있어요. 그것은 일의 성질을 잘 모르고 의욕만 과잉돼서 일을 서두르는 등 커리어의 부족으로 일어나는 현상인 경우가 많지요. 그럴 때 의기소침해서 포기하면 안 되죠.

만일 그 일이 성공하지 못할 것 같더라도 계속 시도해야 합니다. 정주영은 "해 보기나 했어?"라고 직원들에게 질타하곤 했습니다. 일단 결심한 일은 시도해보고 정말 여의치 않을 때 포기해도 됩니다. 그렇다고 웃음거리가 될 것은 하나도 없습니다. 초년병이기 때문에 상사들은 그것을 애교로 봐주고 노력을 가상하게 여길 겁니다.

그렇게 매달리다 보면 생각지도 않은 곳에서 성과를 올리는 수가 왕왕 있지요. 그것은 대나무의 경우처럼 잔뜩 움츠리고 있다가 불쑥 솟아나서 결과를 보여주는 경우입니다.

만약 어느 정도 시간이 지났는데도 결과가 나타나지 않고 있다면 그때는 목표를 수정해야 합니다. 이 말은 장기적인 목표를 바꾸라는 것이 아니라 단기적인 목표는 일의 성과를 보아가면서 바꿀 수 있는 융통성을 가져야 한다는 뜻입니다.

원칙적으로 한 가지 일을 잘할 수 있도록 배웠다면 성과를 올리는 일에 직장인은 대체로 전문가라고 보아야 합니다. 직장인은 전문화되었을 때에만 목표를 달성할 수 있다는 뜻입니다. 피터 드러커는 『프로페셔널의 조건』에서 이렇게 말하고 있습니다.

성과를 올리는 사람들은 공헌에 초점을 맞춘다. 그들은 지금 자신이 하고있는 일보다 더 높은 곳에 있는 것을 지향하고, 또한 목표를 향해 외부 세계로 눈을 돌린다. 그는 "내가 속해 있는 조직의 성과와 결과에 큰 영향을 미치는 것으로서 내가 공헌할 수 있는 것은 무엇인가?"라고 질문을 스스로 던져야 한다. 그는 자신의 책임에 중점을 두고 일하지 않으면 안 된다. 공헌에 초점을 맞추는 것은 목표 달성을 위한 가장 중요한 열쇠이다. 자신이 하고있는 업무의 내용, 수준, 기준, 영향력의 측면에서 그리고 상사, 동료, 부하직원과의 관계에서도 공헌에 초점을 맞추는 것이 목표 달성의 관건이다. 또한 회의나 보고와 같은 일상의 업무에서도 마찬가지다.

통계에 의하면 보험 영업사원의 경우 낙관적 시각을 가진 사원이 비관적 시각을 가진 사원보다 첫 두 해 동안 37%나 높은 성과를 거뒀다고 합니다. 반면, 비관적 시각을 가진 사람들은 첫해에 그만둔 비율이 낙관적인 사람들에 비해 두 배나 높았답니다. 세상을 바라보는 시각에 따라 '최우수 영업사원이 되느냐 아니면 회사를 떠나게 되느냐'를 결정하는 겁니다. 실패하는 가장 일반적인 원인은 새로운 지위가 요구하는 바에 따라 스스로 변신하는 능력의 부족 또는 의지의 결여에서 오는 것입니다. 일 잘하는 사람이 되려면 상당한 인내와 지혜가 필요합니다. 나쁘게 말하면 현실과의 타협이라고 할 수 있는데 우선순위 목표, 나의 강점을 살리는 목표를 회사에 공헌할 목표로 삼는 것이죠. 좋게 말하면 내가 가진 강점으로 회사에 공헌하는 길을 찾는 것이기도 하고요. 이건 닭이 먼저냐 알이 먼저냐 식의 이야기가 되겠지만 답은 아주 선명합니다. 우리나라에서 공헌할 목표에 집중해서 대단한 성공을 거둔 사람으로 김규환을 꼽을 수 있습니다. 그는 공장 사환으로 시작하여 23년 만에 초정밀분야 한국 최고의 명장이 된 사람입니다. 그는 초등학교 졸업의 학력으로 75년 한 회사에 입사 한 후, 하루에 3시간만 자고 7시간씩 독서를 하며 독학으로 모든 것을 갈고 닦았습니다. 그러다가 그는 회사에 공헌할 목표를 찾아냈습니다.

당시 한국에는 쇠를 가공할 때, 섭씨 1도가 변할 때마다 쇠가 얼마나 변하는지 아는 사람이 없었습니다. 이것을 알아내려고 김규환은 국내의 모든 자료들을 뒤져봤지만 허사였습니다. 그래서 공장 바닥에 모포를 깔고 2년 6개월 동안 연구에 매달렸습니다.

재질, 모형, 종류, 기종별로 X-bar 값을 구해 섭씨 1도가 변할 때 얼마나 변하는지 '온도치수가공조견표'를 만들었습니다. 그리고 기술 공유를 위해 연구 결과 중 일부를 산업인력공단의 〈기술시대〉라는 잡지에 기고했습니다. 그러나 잡지사는 조견표는 싣지 않은 채 대략적인 내용만을 실었습니다.

그런데 얼마 후 세 명의 공무원이 공장을 찾아왔습니다. 회사에서는 무슨 일이 일어난 줄 알고 잔뜩 긴장했는데, 알고 보니 김규환이 제출한 자료가 기계가공의 대혁명을 일으킬 만한 자료란 사실을 알고 그것이 잡지에 실릴 경우 일본에서 알게 될까 봐 노동부 장관이 직접 김규환을 데려오라고 했던 것입니다. 만약 이 자료가 잡지에 실렸다면, 한국은 일본에 극비의 산업 기밀을 고스란히 갖다 바치는 결과를 초래할 뻔했습니다. 그 자료를 만들어내는 2년 6개월 동안 그는 집에 두 번밖에 가지 못했습니다. 휴가도 그와 아무런 상관이 없었습니다. 명절날 잠시 집에 가서 차례를 지내고 곧장 공장으로 돌아왔습니다.

그렇게 노력을 기울인 결과 그는 국가기술자격증에 도전할 수 있었고 9전 10기 끝에 2급 자격증을, 4전 5기 끝에 1급 자격증을 따내며 8개의 자격증을 따냈습니다. 그는 지금까지 24,612건의 제안을 냈으며 수입에 의존하던 62개의 초정밀부품이 들어가는 기계를 국산화하는데 기여했습니다. 그는 현재 대학을 졸업했고 5개 국어를 구사하며, 수많은 기업체와 교육기관의 초빙 1순위 연사가 되었습니다.

많은 사람이 하루 세 시간 자면서 일곱 시간 독서를 한다는 것이 과연 가능할까, 하는 의문을 가지는 것도 당연합니다. 그러나 그는 목숨 걸고 노력하면 안 되는 것이 없다는 신념을 지니고 그 일을 실천하고 있습니다.

"내가 아무리 초등학교도 제대로 못 나온 학력이었다지만 생각해 보이소. 일 년 가야 책 한 권 제대로 안 읽는 놈이 이기겠나 하루에 일곱 시간 씩 책 읽는 놈이 이기겠나. 당연히 책 읽는 놈이 이기는 기라니까요."

김규환 명장의 독서는 기계 사용설명서를 읽어야겠다고 마음먹은 순간부터 시작되었고 그 후, 그는 기술관련 서적, 훌륭한 사람들의 자서전이나 위인전, 문학작품과 역사물을 비롯해 지금까지 만 여권의 책을 읽어냈습니다.

김규환 명장의 경우를 보고 여러분은 무엇을 느낍니까? 그는 성과로 공헌한 사람의 진수를 보여주고 있습니다. 그의 경우를 보면 직장은 인생의 학교인 것이 틀림없습니다. 토익 만점에 학과성적 올 A 맞았다고 회사가 맡긴 업무를 잘해내는 것은 아닙니다.

꼭 그래야 한다는 법은 없지만 신입사원들은 일을 배우기 위해서라도 스파르타식으로 몰입해서 세븐 일레븐, 즉 아침 7시부터 밤 11시까지 직장생활에 매달려야 합니다. 그렇게 자기 경영을 하면 3년 차부터 성과가 나기 시작할 것입니다. 타고난 성공은 없습니다. 공헌할 목표를 정하고 그것을 성취하세요. 여러분은 항상 확실한 결과가 나올 때까지 즐거운 마음으로 일에 집중해야 합니다.

최근에 의학이 발견한 호르몬 중에 '다이돌핀' 이라는 것이 있습니다. 지난 1990년대 초 암을 치료하고 통증을 해소하는 효과가 있다는 '엔도르핀 이론' 이 건강 열풍을 불러일으켰었는데 이번에 발견된 다이돌핀은 엔도르핀의 3~4,000배라는 놀라운 사실이 발표되었습니다. 그런데 이 다이돌핀은 우리 인간의 몸과 마음이 아주 긍정적인 상태에 빠져들 때 생성된다고 합니다.

1. 감동 받을 때

이것은 모두 뇌가 알아서 작동하는 것입니다. 인간이 감동을 받고 사랑에 빠지면 전혀 반응이 없던 호르몬 유전자가 활성화되어 안 나오던 엔도르핀, 도파민, 세로토닌이라는 아주 유익한 호르몬들을 생성하기 시작하고 그것이 최고조에 달했을 때 우리 몸에서는 놀라운 변화가 일어납니다. 바로 '다이돌핀' 이 생성되고 이 호르몬들이 우리 몸의 면역체계에 강력한 긍정적 작용을 일으키는 것입니다. 뇌가 쾌감을 느끼면 몰입이 쉬워집니다. 그래서 항상 세상을 긍정적으로 보고 즐겁게 일하는 사람들을 보면 표정이 밝고 젊어 보이고 대단한 성취를 거두어들입니다. 앞으로 사람들은 이것을 '다이돌핀 효과' 라고 부를 것이고 이에 대한 연구가 계속 될 것입니다.

김규환 명장은 이 '다이돌핀 효과' 에 푹 빠진 사람이라고 할 수 있을 겁니다.

일의 즐거움에 대해서 빌 게이츠는 이런 말을 했어요.

"나는 세상에서 가장 신나는 직업을 갖고 있다. 매일 일하러 오는 것이 그렇게 즐거울 수가 없다. 거기엔 항상 새로운 도전과 기회와 배울 것들이 기다리고 있다. 만약 누구든지 자기 직업을 나처럼 즐긴다면 결코 탈진되는 일은 없을 것이다."

　그러나 직장 일이란 게 어디 그렇게 엔도르핀이나 다이돌핀이 팍팍 솟아나도록 만들어 줍니까? 하지만 싫은 일이라도 할 수밖에 없는 것이라면, 조금이라도 즐겁게 하는 편이 낫지요. 그때는 일에 대응하는 자세를 바꾸는 겁니다. 어떻게 하면 이 일을 재미있게 효율적으로 해 나갈 수 있을까 궁리를 하다 보면 창의적인 생각이 떠오를 겁니다. 심리학자 칼 힐테이는 "어느 정도 궁리하면 즐겁게 되는 것이 일이다. 그리고 즐겁게 되어 열중하면, 재미있게 되는 것이 일의 본질이다."라고 말합니다.

　궁리하여 적극적으로 즐기면서 일하는 사람과 마지못해 하고있는 사람은 일의 성과에서 크게 차이가 나는 것은 당연한 일입니다.

　다시 피터 드러커에게 실행 능력에 대한 조언을 들어봅시다.

　실행 능력은 하나의 습관이다. 즉 습관적인 능력들의 집합이다. 실행 능력은 지속적으로 배워야 가능한 것이지만, 한편으로는 믿어지지 않을 만큼 단순한 것이기도 하다. 심지어 일곱 살짜리 어린아이도 그것이 무엇이라는 것을 이해하는 데에 어려움을 느끼지 않는다. 그러나 그것을 충실히 유지하는 것은 언제나 무척 어렵다. 우리 모두가 구구단을 외우는 것처럼 실행 능력을 몸에 익혀야 한다. 다시 말해, '6×6=36'이라는 것을 무의식적으로 입에서 튀어나올 만큼 확실히 몸에 배인 습관이 될 때까지 '지겹도록' 반복해서 외우듯이 실행 능력도 그렇게 익혀야 한다. 실행 능력은 실행, 그것도 반복적인 실행을 통해서만 배울 수 있는 것이다.

유능한 사람과 무능한 사람의 차이는 그 사람의 현재 지위나 역량의 문제가 아닙니다. 필요한 것은 어떠한 일이 자기 자신에게 정말 중요한 일, 즉 조직에 공헌하고 성과를 올리면 결과를 얻을 수 있는 일인지를 판단하고 꾸준히 실행하는 일입니다. 그 사람의 지위가 높고 자질이 뛰어나 보이더라도 시대의 변화에 대처하는 준비가 되어 있지 않다면 장차 무능한 사람이 되고 맙니다. 다들 자신이 하는 일을 재미없어하는 사람치고 성공하는 사람 못 봤다고 합니다.

여러분은 이제 '목적을 이루게 되리라는 강한 확신'을 가지고 그 일에 자신의 에너지를 투입해야 합니다. 자신의 강점을 파악하고 다양한 아이디어로 무장해서 자신을 성장시켜 나가다 보면 어느새 전문가가 돼 있을 것입니다.

오늘의 멘토 – 강덕수 회장

오늘날의 직장인은 스스로 한 사람의 '경영자'라고 생각해야 합니다. 평상시 자신을 잘 관리하고 경영하는 사람이 몸값이 올라가고 어디를 가도 평가를 받는 법이죠. 여러분은 단지 상사가 내린 명령만을 수행하는 것이 아니라, 조직에 공헌해야 하는 자신의 책임을 스스로 수행해야 합니다. 여러분은 누구나 자신의 업무에 전문성을 가지고 있고 조직의 능력에 실질적으로 기여할 책임이 있습니다. 정해진 근무 시간만 겨우 때우며 일하는 사람은 목표 달성 능력, 성취 능력이 부족한 사람입니다. 능력을 인정받고 빠른 승진을 할 수 있는 것은 그 사람이 올린 실적, 성과 때문입니다. 목표로 세운 단계마다 가시적 성과를 얻어서 회사 일에 공헌해야 합니다. 딱 3년만 독하게 마음먹고 매달려보세요. 그것이 가장 올바른 성취의 방법입니다. 자신의 업무에 성취능력이 뛰어난 사람은 자신의 전문 지식 분야에서 조직 내의 어느 누구보다 올바른 의사 결정을 할 수 있는 사람입니다.

카네기가 상사인 스콧의 부재중에 자신의 능력을 발휘함으로써 자신의 입지를 확고하게 구축해 나갔듯이 여러분도 자신의 업무 능력을 최대한 발휘해서 조직에 공헌하고 능력을 인정받아야 합니다. 그것은 스스로 공헌하는 일이기도 합니다.

우리나라의 기업인 중에도 카네기를 능가하는 뛰어난 실력을 갖춘 경영인들이 많은데 그중에 요즘 두각을 나타내는 STX그룹 강덕수 회장의 경우를 봅시다. 사람들은 그를 '샐러리맨의 신화'를 일으킨 사나이로 부릅니다. 그것은 그가 세운 STX그룹이 창사 8년 만에 자산 기준 재계순위 15위의 그룹이 되었기 때문입니다. 그는 1973년 쌍용양회에 평사원으로 입사해서 27년 동안 평범한 샐러리맨이었습니다. 그가 창업을 시작했을 때는 다른 사람 같으면 직장인으로서는 은퇴를 생각할 나이인 쉰 살이 되었을 때였습니다. 그가 창업하게 된 것은 90년대 말에 몰아닥친 외환위기 때문이었어요.

외환위기를 맞아 쌍용그룹은 구조조정의 하나로 쌍용중공업을 그룹에서 분리했고 결국 쌍용중공업은 퇴출기업이 되어 버리고 말았습니다. 당시 강 회장은 거의 3개월간 밤잠을 이루지 못했습니다.

당시 그는 재무총괄로 일하고 있었는데 회사가 외국 자본에 넘어가자 평생을 몸 받쳐 회사만을 위해 일해 온 그는 무척 씁쓸한 회한을 느끼지 않을 수 없었습니다. 생각해 보세요. 27년 후 평생을 일해 온 여러분의 직장이 공중 분해된다면 잠이 오겠습니까?

그런데 위기는 기회라고 했지요. 인간 강덕수에게는 기적 같은 일이 준비되고 있었습니다. 2000년 퇴출기업으로 지정된 쌍용중공업의 인수주체인 미국계 회사 '한누리 컨소시엄'이 강 회장의 능력을 높이 사서, 그를 최고경영자로 선임했습니다.

그때부터 그의 인생은 180도 바뀌었고 30년간 실력을 갈고 닦았던 문제해결사 강덕수의 진면목이 나타나기 시작했습니다.

그는 새로운 가능성을 보았고 자신의 모든 것을 건 도전을 시작했습니다. 강덕수 회장은 누구보다 회사의 가치를 잘 알고 있었습니다. 또 그동안 해외 무대를 누비고 다닌 경험으로 조만간 다가올 조선과 해운업의 호황을 예감하고 있었습니다.

그는 27년간 직장생활을 하며 모은 전 재산을 처분해서 출자하기로 결심했습니다. 그래 보았자 20여억 원 남짓 하는 자금이 고작이었습니다. 하지만 당시 쌍용중공업의 주가는 워크아웃 기업이라는 이유 때문에 350원까지 떨어져 있었습니다. 그는 사재를 털은 자금으로 회사 지분을 사들였습니다. 여기에 사장으로 근무하며 받은 스톡옵션 140만 주를 보태니 상당한 비중이 되었습니다. 그는 졸지에 지분 14.4%를 가진 최대주주로 올라섰던 것입니다.

이렇게 해서 샐러리맨으로 출발한 그는 자신이 다니던 기업을 인수해서 오너 경영인으로 변신했습니다. 그것이 STX그룹의 첫 출발이었습니다. 그는 위기의 순간을 기회로 만들어 뒤집기에 성공함으로써 국내 굴지 중공업그룹 총수가 되어 '샐러리맨의 신화'를 만들어냈습니다. 그러나 그의 대기만성은 남다른 신념과 철학이 있었기에 가능한 일이었습니다. 그는 말합니다.

"나는 회사에 다니면서 스스로 단순한 월급쟁이라고 생각해 본 적이 한 번도 없었다. 어떤 일이든 스스로 오너라는 자세로 적극적으로 일해 온 것이 현재의 위치를 만들었다."

이 말은 많은 직장인에게 귀감이 될 교훈이 아닐 수 없습니다.

위기는 기회란 말이 있듯이 돌이켜 보면 외환위기가 기회였던 셈이지만 자신을 한 번도 월급쟁이라고 생각하지 않고 스스로 한 사람의 '경영자'라고 생각했던 마인드가 있었기에 그는 스스로 경영에 공헌할 수 있었던 셈이죠. 그렇게 성공을 거머쥔 그는 지금 부하직원들에게도 자신과 같은 자기경영 정신을 요구하고 있습니다.

강덕수 회장에게는 특유의 조직 관리론이 있습니다.

"서울에서 싱싱한 멸치 회를 맛보려면 어떻게 해야 하는지 아세요? 가물치 몇 마리를 멸치 사이에 집어넣으면 됩니다. 멸치는 성질이 급해 이동하는 과정에서 대부분 죽어버리지만 포식자인 가물치 한 마리만 풀어놓으면 바닷가에서 서울까지 오는 긴 시간 동안 생생하게 살아남는다는 것이죠. 조직에도 어느 정도 변화와 긴장감이 있어야 조직원의 역량이 최대한 발휘될 수 있습니다. STX는 매년 조직활성화 차원에서 부서장들을 대대적으로 이동시키고 있습니다. 또, 저는 리더 역할을 맡은 임직원들에게 수시로 현장에 가보라고 이야기합니다. 급변하는 경영환경 속에서는 '속도경영'이 생명인데, 현장 흐름을 파악하고 있어야 빠르게 전략을 세우고 행동에 옮길 수 있기 때문이죠. 리더에게 현장상황과 솔선수범이야말로 소식을 이뤄가는 핵심역량입니다."

이것이 현장경영을 중시하는 그만의 조직 관리론이자 경영의 묘를 살리는 비법이라고 볼 수 있다. 그는 능력을 발휘한 사람은 나이와 출신에 관계없이 중용하고 전폭적인 신뢰와 권한을 부여합니다.

강덕수의 성공 스토리는 남의 이야기가 아닙니다.

여러분에게도 그런 기회가 오지 말라는 법은 없다는 것을 가슴에 새겨 두세요. 평소에 실력을 닦고 있다면 어떤 문제가 생겨도 해결사가 될 수 있습니다. 남들이 해결하지 못하는 문제를 풀게 되면 주목을 받을 수 있고 리더십도 생기는 법입니다.

강덕수의 성공 스토리는 그렇게 '한 우물을 판 사나이' 의 역전드라마라고 할 수 있습니다. 그가 27년간 직장생활을 하면서 평판이 나빴다면, 물류와 자본의 흐름을 꿰고 있지 못했다면 강덕수 신화는 불가능한 일이었을 겁니다.

뚱보강사는 말합니다. 강덕수의 성공 스토리에서 여러분은 성과와 가치가 창출되는 일을 하는 자세를 배워야 합니다. 지금은 직장생활을 하고 있지만 언제 기회가 올지 모릅니다. 항상 세상 흐름을 주의 깊게 관찰하고 재화의 흐름을 감지하는 능력과 자신의 전문성을 키워나가며 어떻게 더 높은 부가가치를 창출할까 고민해야 합니다.

지금 우리에게 필요한 것은?

오늘 이야기는 커피를 갈아서 금으로 만든 하워드 슐츠의 이야기로 마칠까 합니다.

슐츠는 스타벅스를 세계적인 기업으로 만든 주인공이지만 창업주는 아닙니다. 그는 발상의 전환으로 같은 일도 다른 각도에서 바라보면 새로운 성과를 창출할 수 있다는 것을 보여준 대표적 인물입니다.

슐츠의 예를 드는 것은 발상의 전환이 가져다주는 놀라운 결과를 이야기하기 위해서입니다.

1982년 우연히 스타벅스 매장에 처음 들린 슐츠는 자극적인 커피 향기에 사로잡혔습니다. 당시 스타벅스는 시애틀에 네 개의 매장이 있던 조그만 회사였는데 원두커피만을 고집하고 있었어요. 대부분의 사람이 커피 하면 캔 커피를 연상할 때, 스타벅스의 직접 갈아서 만들어낸 원두커피를 세 모금 째 마셔본 슐츠는 마치 신대륙이라도 발견한 것 같은 느낌이었다고 합니다. 그전까지 마셨던 커피는 커피도 아니라는 생각이 들었습니다. 커피라는 신대륙을 발견한 그는 다국적 기업의 부사장직과 뉴욕에서의 안락한 삶을 포기하고 4,800km나 떨어져 있는, 조그만 소매업체에 합류하여 새로운 세계의 개척에 나섭니다.

스타벅스 사업에 합류하여 1년 정도 지났을 때, 커피재료를 수입하고자 이탈리아로 출장을 간 하워드 슐츠는 밀라노 광장에서 예전에는 생각도 못했던 아이디어를 떠올렸습니다. 그는 밀라노 광장 부근의 이탈리아인들이 아침을 카페에서 시작해서 저녁 늦게까지 그곳에서 친구들과 이야기를 나누며 시간을 보내는 것을 발견한 것이죠. 그는 그런 이탈리아인들을 보면서 이것이 미국에서도 가능하지 않을까, 하고 생각했습니다. 그러자 그의 가슴은 새로운 커피 사업에 대한 생각으로 미칠 듯이 뛰기 시작했습니다. 마침내 자신을 미치게 할 일을 찾아낸 것입니다. 시애틀로 돌아와 경영진에게 자신의 아이디어를 내놓았습니다. 그러나 경영진은 그의 이야기를 이해하지 못했습니다. 하지만 그는 '스타벅스 카페'에 대한 생각을 멈출 수가 없었습니다. 마침내 자신의 온갖 능력을 동원하여 스타벅스의 경영권을 인수하였고 자신이 생각한 '스타벅스 카페' 사업에 전력투구를 시작했습니다.

그는 미국 전역에 수많은 직장인이 출근 전에도 들르고, 하루의 일이 끝나도 다시 친구나 동료와 들러서 담소를 즐길 수 있고, 시장에 물건을 사러 온 사람도 잠깐 들러서 쉴 수 있고, 젊은이들이 술이 아닌 커피를 즐기면서 데이트를 할 수 있는 안락하고 편안한 공간을 만들어 나가기 시작했습니다. '스타벅스 카페' 사업은 그의 예상대로 대성공을 거두었습니다.

스타벅스는 해발 900~1,500m에서 재배되는 최고급 아라비카산 원두만을 사용하고, '바리스타'라고 불리는 스타벅스의 직원들은 커피를 만들면서 고객과 즐거운 대화를 계속해 자연스럽게 친밀감이 형성되도록 유도합니다. 스타벅스는 이러한 감성 전략으로 커피 판매를 넘어서 친밀한 서비스와 아늑한 만남의 공간을 제공하는 브랜드화 된 커피 서비스를 실현했습니다. 스타벅스는 커피를 통한 특별한 서비스 체험, 사람 간의 이야기 공간을 제공하여 고객과의 관계를 만들어 감으로써, 20년 만에 세계 최고의 종합 커피 브랜드로 성장했습니다.

자, 이제 오늘의 강의를 마칩니다. 마지막으로 뚱보강사가 한마디 합니다.

지금 우리에게 무엇이 필요한가?

바로 지금 당장의 성과가 아니라 미래의 성과를 만들어 가는 자세가 지금 사회 초년병인 여러분에게 필요하다는 것입니다. 내일은 미래의 성과를 만들어 가는 창조의 힘을 기르는 방법을 말씀드리겠습니다."

전문가가 되면 경쟁이 줄어든다

영표와 진철은 세미나가 끝나고 포장마차에서 소주를 마셨다.

"너, 세미나 들으면서 건진 거 좀 있어?"

진철이 물었다.

"응. 목표 없이 살아왔다는 황당한 사실을 깨달았어."

"나도 그런 것 같아. 이 나이 먹도록 왜 그렇게 살아왔는지 모르겠어."

"왜 학교에서는 그런 걸 안 가르쳐 주는지……."

영표가 불만이 많은 표정으로 말했다.

"그래. 넌 목표를 적어냈니?"

진철이 궁금하다는 듯이 물었다.

"응. 내 분야에서 1인자가 되기로 했어. STX그룹 강덕수 회장의 이야기가 가슴에 와 닿았고, 그러자 전보배달부에서 1등이 되고자 거리의 사람들 이름을 몽땅 외우고 돌아다니던 카네기의 모습이 오버랩 되어 왔었어. 넌 어떻게 생각해?"

영표는 술을 입에 털어 넣으며 물었다.

"나도 실은 반성 많이 하고 있어. 나도 내 분야의 전문가가 되는 목표를 정했어. 전문가가 되면 경쟁이 줄어든다는 말이 있잖아. 누구도 따라올 수 없는 달인이 되고 싶어."

"맞아. 난 얼마 전에 스마일즈란 사람의 『자조론』이란 책을 읽었는데 10년만 노력하면 짧은 여가라도 꾸준히 선용하여 큰 가치를 나타낼 수 있다고 했어. 하루하루 살아가는 가운데, 헛되이 보내는 한 시간을 따로 유용하게 쓰면, 평범한 능력을 가진 사람도 과학의 한 분야쯤은 정통할 수 있고 머리가 아둔한 사람도 10년만 노력하면 한 분야의 유식한 전문가가 될 수 있는 거지."

"야, 어쩌면 너랑 나랑 생각이 같아졌냐? 그런 의미에서 건배!"

두 사람은 잔을 마주쳤다. 그러면서 자신만의 강점을 파악하고 다양한 아이디어로 무장해 자신을 성장시켜 나가다 보면 어느새 전문가가 돼 있을 것이라는 생각을 했다.

몸값 올리기 전략

직장인들이 자신의 몸값을 올리기 위한 전략은 어떤 것이 있을까. 채용 전문업체인 잡코리아(www.jobkorea.co.kr)와 잡링크(www.joblink.co.kr), 리크루트(www.recruit.co.kr) 등이 추천하는 '몸값 올리기 전략'을 소개한다.

1. 업무 외 시간을 투자하라

내 분야에서 일인자가 되겠다는 각오로 자기계발을 꾸준히 해야 한다. '어떻게(how)'에 길들여진 기술자가 아니라 '무엇(what)'을 해야 하는지를 아는 전문가가 돼야 한다. 근무 시간 이후 시간을 쪼개 자격증을 획득하거나, 전문가들이 모이는 동아리 활동을 하거나, 주·야간 대학원 과정에 다니는 것도 좋다. 끊임없이 자신을 갈고 닦아 언제든 고용 시장에 진출할 수 있도록 준비해야 한다.

2. 현 직장에 최선을 다하라

경력개발의 80%는 현 직장의 업무를 통해 이뤄진다. 현재 직장에서 최대한 성과를 내고, 그 사실을 회사 사람들에게 인식시켜야 한다. 이러한 평판 관리는 자신의 몸값을 올리는 토대가 된다. 이직을 하는 경우, 회사는 지원자의 대인관계와 경력, 실적 등을 전前 직장에 조회해 보는 경우가 많다.

3. 업무 성과를 객관적 자료로 관리하라

자신의 실적을 수치화하는 것이 중요하다. 자신의 현재 또는 전 직장에서 기여한 공로 등을 평가해서 객관적 자료로 만들어 놓아야 한다. 특히 성과를 금액으로 환산하는 방법도 효과적이다. 이런 데이터를 이력서와 함께 첨부해 제출하면, 보다 높은 연봉을 제시하며 다가오는 기업이 많을 것이다. 3개월이나 6개월마다 이력서를 업데이트하는 것도 좋은 방법이다.

4. 휴먼 네트워크를 잘 관리하라

기업 경영에서 '좋은 관계'는 '좋은 거래'로 이어지는 경우가 많기 때문에 인맥이 넓은 사람은 대접받게 마련이다. 넓은 인적 네트워크는 경험과 정보를 얻는 데도 도움이 될 뿐 아니라, 이직을 위한 좋은 기회를 제공하기도 한다. 인맥을 만들 때는 많은 분야에서 그저 아는 사람이 아니라 경력과 관련해서 목적성을 갖고 해야 한다.

5. 잦은 이직은 피하라

이직은 충분한 준비가 바탕이 돼야 한다. 자신의 몸값을 높인다는 이유로 연수나 유학을 위해 함부로 사표를 쓴 뒤 현업에 다시 돌아오면 감각을 회복하기가 간단치 않다. 진정한 프로는 일하면서 공부하는 것이다. 급한 마음에 쉽게 취업을 결정하면 결국은 다시 그만두는 경우가 많아 잦은 이직 경력만 남는다.

6. 영어는 기본이다

30대 중반에 영어로 발표할 수 있는 사람과 그렇지 못한 사람의 연봉은 최소한 1,000만 원은 될 것이다. 개척하는 자만이 몸값을 높일 수 있는 게 현실이다.

7. 아침형 인간이 되라

교육장과 강의실에서 맨 앞줄에 앉는 사람과 둘째 줄에 앉은 사람의 능력이 같을 수 없다. 출퇴근 시간이 다른 것만큼 인생의 품질이 달라진다. 어려운 현실을 극복하려면 그만큼 시간과 노력이 필요하다. 성공한 사람, 그리고 억대의 연봉을 받는 사람들의 공통점은 남들보다 적게 자고, 바쁜 시간을 쪼개 한 달에 책 두세 권 이상을 읽는 부지런함이다.

8. 자신감을 가져라

끊임없이 변화와 도전을 추구하는 직장인이 인정받는 시대다. 잘못된 부분은 과감히 인정하고 수정해야 하며, 잘하는 부분은 더욱 계발한다. 현재 성과에 도취하지 말고, 10년, 20년 후를 꼼꼼히 기획하고 전략을 세워야 한다. 학연과 지연 등을 과감히 버리고 "오로지 능력 있는 자만이 살아남는다."는 현실을 봐야 한다.

자료원 : 조선일보 2003. 12. 26.

SECTION 04

창의력이
생명이다

Business Man Income Economics

위인이란 자기가 할 수 있는 일을 하는 사람이다.
그러나 범인은 할 수 있는 일을 하는 것이 아니라
할 수 없는 일만을 바라고 있다.

로맹 롤랑

공부하는 마음

한덕은 뚱보강사의 세미나를 들으며 많은 것을 깨달았다. 그는 '목표가 사람을 만든다' 라는 말에 공감했지만 아직도 어떻게 목표를 정하고 또 달성해야 할지 선명한 그림이 떠오르지 않는다.

그는 자신이 무정란 같다는 생각을 했다. 어떻게 해야 생명이 있는 수정란이 될 것인가? 이미 무정란으로 태어났는데 변신을 할 수 없는 것은 아닐까?

자신이 이런 생각을 하는 것이 고아로 자라난 탓이 아닐까 하는 생각을 했다. 하지만 낙천주의자인 그는 고개를 저었다. 나는 대나무처럼 어느 날 쑥쑥 뻗어나갈 거야. 그러면서 폴 마이어라는 사람이 했다는 말을 떠올려 보았다.

모든 것을 실현하고 달성하는 것은 목표설정에 있다. 내 성공의 75%는 목표설정에서 비롯되었다. 목표를 정확하게 설정하면 그 목표는 신비한 힘을 발휘한다. 또 달성 시한을 정해놓고 매진하는 사람에게는 오히려 목표가 다가온다.

그렇다. 목표 설정을 제대로 해야겠다. 그는 특히 김규환 명장의 이야기를 듣고 감명을 받았다. 한덕은 오래전에 그가 쓴 『어머니 저는 해냈어요』라는 책을 읽었던 기억이 났다. 그 책에는 이런 구절이 아주 감동적이었다.

9전 10기 끝에 운전면허를 땄을 때 "어머니 저는 해냈어요."
국가기술 1급 자격증을 획득했을 때도 "어머니 저는 해냈어요."
대학 졸업장과 우등공로상 메달을 받았을 때도 "어머니 저는 해냈어요."
명인 명장이 되었을 때도 "어머니 저는 해냈어요."

한덕은 얼굴도 모르는 어머니를 향해 자신도 어머니 해냈어요, 라고 부르짖고 싶었다. 어머니에게 장한 아들이 되고 싶었다. 그러면서 그는 신념으로 '그림 그리기'를 하면 성공할 수 있다는 믿음을 더욱 갖게 되었다. 지금은 말단에 지나지 않지만 자신이 맡은 관리부서는 회사의 업무를 총괄하는 곳이니까 배울 것이 많다는 사실도 알고 있었다.

한덕은 더욱 공부하는 마음을 가져야겠다고 결심하고 미래의 리더가 되려면 공부하는 시간을 많이 확보해야 한다고 생각했다. 24시간이라는 시간표 안에 미래가 들어올 수 있도록 시간을 비워 놓아야 한다. 그래서 남들보다 한 시간 먼저 나가고 한 시간 늦게 퇴근하면서 일 중심의 생활을 하기로 작정했다.

Business Man Income Economics

성공을 부르는 창의력

"오늘의 주제는 창의력입니다. 목표를 성취하는 데 가장 큰 기여를 하는 것은 창의력입니다. 다른 사람이 하는 대로 따라하는 것은 다른 사람을 이기는 방법이 아닙니다. 남의 흉내를 내지 말고 스스로 길을 찾아내야 합니다. 남보다 일찍 일어나서 남보다 1시간 먼저 회사에 나가고, 남보다 늦게 퇴근하면서 열심히 일하는 것도 좋지만 그것만 으로 성공할 수 있다고 말하기는 어렵습니다.

언젠가 알버트 아인슈타인이 말했습니다.

"우리가 현재 대면하고 있는 문제들은 현재의 사고방식으로는 해결할 수 없다. 사고의 유형 자체를 바꾸는(paradigm shift) 새로운 사고방식을 배우지 않으면 안 된다."

이 말은 끊임없이 새로운 주제를 공부하고 새로운 일이 요구하는 것을 해결할 능력을 키우라는 즉 창의력을 발휘하라는 뜻입니다.

오늘날 수많은 일에서 창의력이 요구되고 있지만 대부분의 사람은 창의력의 발휘에 대해 늘 막막해합니다.

"나는 별로 창의적인 사람이 아니다."

"창의력은 예술가나 발명가들에게만 해당하는 말 아닌가?"

"나는 몇 년 동안 독창적인 생각을 해본 적이 없다."

많은 사람이 자신에게 창의력이 있는지 의심스러워합니다.

세계적인 성공학의 대가인 에밀 라이히는 창의력을 생각하기 전에 먼저 스스로 몇 가지 중요한 질문을 던져야 한다고 말했습니다.

나는 어떠한 목표에 도달하려고 하는가?

나는 좀 더 많은 노력을 기울일 수 있는가?

나는 종일 시계만 쳐다보며 하루가 빨리 지나가기만을 바라는 사람은 아닌가?

나는 나 자신을 다른 사람에게 없어서는 안 될 존재로 만들고자 하고 있는가?

이 말은 다시 목표를 점검해보란 소리가 되고 마는데 목표는 단순한 바람이어서는 안 된다는 것을 강조하는 의미이기도 합니다. 여러분이 설정한 목표는 목숨을 걸 만큼 열렬한 소망이어야 합니다. 너무도 간절히 바라는 소망이 있다면 온 우주가 나서서 그것을 돕는다고 합니다.

그 소망이 여러분에게 창의력을 가져다줄 것입니다. 자신이 열렬하게 소망하는 일은 분명히 자신에게 맞는 일일 것이기 때문이죠. 소망을 키워왔다는 자체가 그 일을 꼭 해야 하고 잘할 수 있는 실마리를 제공할 겁니다. 창의력은 자기 스스로에 대한 자부심에서 비롯되고 자부심은 내가 하는 일이 좋고 재미있을 때 나옵니다.

뚱보강사는 여러분에게 창의력을 펼치라고 주문합니다. 창의력은 21세기 키워드입니다. 21세기는 산업화 시대의 대량생산 대량소비의 시대가 아닙니다. 소비자는 튀지 않는 제품, 튀지 않는 이미지, 튀지 않는 아이디어, 튀지 않는 삶을 살지 않습니다. 소비자는 창의성이 없는 것을 받아들이지 않고 배격합니다.

여러분! 타고난 창조성을 끌어내세요. 만약 자신에게 창조적 능력이 없다고 생각하는 사람은 이렇게 생각해 보세요.

내가 자부심을 느끼는 일은 무엇인가?
내가 주도적으로 해나가고 싶은 분야는 무엇인가?

우리는 누구나 자신의 삶을 주도적으로 살고 싶어 합니다. 내가 내 인생을 책임지며 대인관계에서도 보다 우월한 입장에서 자신을 내세우고 살고자 하는 것이 인간의 본성입니다. 그렇게 주도적으로 자신의 인생을 총괄하고 지휘하는 곳에 자신만의 창의력이 숨어 있습니다. 창의력은 우리가 원하는 삶으로 가는 열쇠입니다.

또한 한 번도 가보지 않은 길을 찾아내는 열쇠입니다. 창의적 아이디어, 새로운 것의 창조는 성공을 이끌어내는 지름길입니다. 어떤 일에 독창적인 방안을 고안해내는 창조적 능력은 회사의 수익에 크게 기여를 하게 마련입니다.

창의력은 새로운 사고를 개발해내는 것이며 이러한 창의력 없이는 급변하는 세상에서 고립될 수밖에 없습니다.

뚱보강사는 창의력을 발휘할 수 있는 가장 좋은 실천 방법을 이미 여러분에게 가르쳐 드렸습니다. 무엇인지 아는 분, 손들어 보세요. 뚱보강사가 말하며 좌중을 둘러보았다. 여기저기서 손을 드는 사람들이 있었다. 뚱보강사가 일일이 그들에게 물어보았는데 정답을 맞히는 사람은 하나도 없었다.

"왜 여러분이 정답을 모르는지 아십니까? 그것은 뚱보강사의 말을 제대로 듣지 않아서가 아닙니다. 여러분이 창의력을 너무 어렵게 생각하기 때문입니다. 여러분은 핀트가 안 맞는 사고를 하고 있습니다. 뚱보강사는 묻습니다. 뚱보강사가 하루의 일과를 6가지씩 적으라는 말을 한 적이 있지요?'

뚱보강사는 아주 소리높이 물었다. 청중들은 예~,라고 길게 소리쳐 대답했다.

"바로 그겁니다. 창의력이란 게 별개 아닙니다. 뚱보강사는 여러분에게 거듭 하루의 일과를 6가지씩 적어서 매일 실천하라고 주문합니다. 뚱보강사는 그것이 창의력을 높이는 방법이라고 강조합니다. 매일 자신이 해야 할 일을 6가지를 적어서 실천하는 습관을 가지도록 하세요.

이렇게 말하면 여러분은 의아해합니다. 그것은 일과를 실천하는 방법인데 무슨 창의력 계발 프로그램처럼 이야기 하냐고 말입니다. 그러나 뚱보강사에게 속는다고 생각하고 3개월만 그대로 실천해보세요. 그것만 꾸준히 오래도록 실천해도 거기서 창의력이 나타나고, 일을 성취하는데 아주 큰 도움이 됩니다. 아마 그것은 여러분이 자아를 실현하고 성공을 거머쥐는 관건이 될 것입니다. 여러분의 직무와 일상을 제대로 실행하고 관리하고 정비하다 보면 그 안에서 자신만의 능력, 창의력이 이미 발산되고 있다는 것을 느끼게 될 것입니다.

뚱보강사는 이제 창의력을 발휘하기 위한 3가지 요소를 가르쳐 드립니다.

첫째 강렬한 목표, 둘째 강렬한 문제의식, 셋째 강렬한 집중력입니다. 매일 6가지 일을 실행하면서 이 3가지 요소를 잊지 마세요. 목표를 성취하고자 그 일에 집중할수록 여러분은 더 현명해지고 발군의 능력을 발휘하게 될 것입니다.

뚱보강사는 거기 덧붙여서 말합니다. 그래도 뚱보강사의 말이 못

미더워 한시바삐 방법을 찾고 싶은 분은 자신의 마음속을 깊이 들여다보세요. 거기 창문이 뻥 뚫려 있을 겁니다. 그곳에 지금까지 아무도 모르게 혼자만 생각해 오던 꿈이 있는가를 생각해 보세요.

사랑하는 사람을 그리워하듯 진실로 원하는 일이 있을 겁니다. 사소한 것일지라도 종이에 적어보세요. 아무리 꿈이 없는 사람일지라도 10가지 이상의 욕구는 있을 겁니다. 생각나는 대로 다 적어보세요. 100가지도 넘는 것들이 튀어나올 것입니다.

진도 나갑니다. '인간성 심리학의 아버지'로 불리는 미국의 심리학자 아브라함 매슬로는 인간의 욕구를 다음과 같이 5가지로 나누었습니다.

생리적 욕구,

안전에 대한 욕구,

사회소속에 대한 욕구,

인정을 받으려는 자기존중 욕구,

최고의 존재가 되고 싶다는 자아실현의 욕구.

이 5단계설은 인간행동의 동기를 파악하는 데 매우 중요한 역할을 하고 있습니다. 매슬로는 '인간의 욕구는 하위 단계의 욕구가 만족되면 상위 단계의 욕구로 이어진다'고 주장했습니다. 그는 인간심리의 맨 밑바닥에 먹고 마시고 자는 생리적 욕구가 있는데 그것들이 충족되면, 인간은 다음 단계인 편안하게 두려움 없이 살고 싶은 안전에의 욕구를 느끼게 됩니다. 그다음에 인간이 바라는 것은 사회 속에서 사람들과의 관계에서 인정받고 같이 생활하는 사회적 욕구의 충족입니다. 그다음 단계에 이르면 인간은 자신의 중요성과 의미를 인정받기를 원하는 자기존중에의 욕구를 느낍니다. 그리고 마지막으로 자아실현의 욕구 충족을 바랍니다.

매슬로는 인간의 행동은 이미 만족한 욕구에 따라 결정되는 것이 아니라, 새로운 욕구에 의해 결정된다고 밝혀냈습니다. 자아실현의 욕구는 5가지 욕구 중에서 최고 단계의 욕구로 인간은 자아실현을 위해 끊임없이 성장하는 존재라는 것입니다. 그래서 자아실현은 인간의 행동 동기가 되며 자신을 가장 잘 표현하는 인간의 생활 방식인 동시에 인류 최고의 이상이기도 합니다.

이렇듯 인간욕구의 5단계설은 인간 심리와 행동의 동기를 살펴보는데 대단히 유용합니다. 그리고 여러분이 갈구하는 간절한 소망은 그 안에 있습니다. 그 일을 생각하기만 해도 의욕이 불타는 일, 그것을 상상만 해도 기분 좋아지는 일이 있을 것입니다.

부자학 강의를 하고있는 한동철 교수는 5단계설을 이렇게 알기 쉽게 설명하고 있습니다.

A는 하루빨리 직장을 잡아 생활비와 집세를 내길 원한다. (생리적 욕구)
B는 보험회사 직원에게 소개받은 건강보험을 들까 말까 고민 중이

다. (안전 욕구)

C는 회사 동료를 모아 주말마다 등산을 가기로 계획을 세운다. 하산할 때는 맥줏집에서 시원하게 한잔하며 마음껏 웃고 떠들고 싶다. (사회적 욕구)

D는 주말에도 회사에 늦게까지 남아 업무를 본다. 그는 사업 결과에 따라 사장이 자신을 크게 대우해 줄 것을 잘 알고 있다. (자기 존중 욕구)

E는 열심히 즐겁게 자신의 일을 한다. 돈 때문에도, 동료를 위해서도, 명예나 칭찬을 위해서도 아니다. 직업이 진실로 삶을 가치 있게 만든다고 생각한다. (자아실현 욕구)

여러분도 이렇게 현실적인 욕구를 적어나가 보세요. 그리고 그것들을 하나하나 마지막 단계까지 실현해 나가는 것입니다.

여러분! 어떻게 자아실현을 이룰 것인가를 생각해 봅시다.

자아실현이란 창의력을 발휘하지 않으면 이룩할 수 없는 성질의 것입니다. 창의력을 발휘하는 데는 학력이나 성적 따위는 아무런 상관이 없어요. 학교에서 공부 잘하던 친구가 반드시 성공하는 것도 아니고, 공부도 못 하고 말썽만 피우던 친구가 반드시 실패하는 것도 아니죠. 물론 공부를 잘해서 좋은 대학에 간 친구들이 성공하는 예도 많지만 반드시 그런 것만은 아닙니다. 오히려 공부에는 별로 관심이 없던 친구들이 자기 특기를 살려 사업가로, 작가로, 연예인으로, 운동선수로 성공하는 경우가 많습니다. 발명왕 에디슨, 한국 최고의 기업을 만든 정주영, 세계적인 영화감독 스티븐 스필버그, 세계 최고의 부자 빌 게이츠, 세계 최초의 퍼스널 컴퓨터인 '애플'을 만들어낸 스티브 잡스, 가수 서태지까지 이들은 모두 정규교육을 마치지 않은 중퇴자들입니다. 이들 중에는 대학을 중퇴한 사람도 있지만 초등학교를 중퇴한 사람들도 있습니다. 그들은 어떤 방면에 재능이 있다고 여겨지고, 틈만 나면 그 일을 하고 싶고, 얼른 그 일로 달려가고 싶어서 안달이 나는 일에 미쳐서 그 일에 창의력을 발휘하고 몸값을 드높인 사람들입니다.

여러분! 당장 결과를 증명할 순 없어도 정말 기막힌 아이디어라는 직감이 든다면, 그 생각을 계속 밀고 나가는 것이 좋습니다. 그것을 꾸준히 밀고 나가다 보면 언젠가는 성공을 부르는 창의적인 생각으로 바뀔 것입니다. 오늘은 여러분에게 용기를 주려고 창의력을 발휘해서 어마어마한 성공을 거둔 중퇴자의 이야기로 강의를 꾸려나가려고 합니다. 뛰어난 창의력을 발휘해서 꿈을 현실로 이뤄낸 4명의 중퇴자들의 이야기를 통해서 창의력은 열정의 에너지를 가져다준다는 사실을 깨닫기 바랍니다."

창의력은 열정의 에너지를 가져다준다

무대의 화면에는 뛰어난 창의력을 발휘해서 성공한 사람들의 모습이 비추기 시작했다. 잭 웰치, 아인슈타인, 워렌 버핏, 정주영, 뉴턴, 스티븐 스필버그, 서태지, 빌 게이츠, 임권택, 마쓰시타 고노스케, 김명세, 에디슨, 테드 터너, 함신익, 강덕수, 김규환 등등…….

일가를 이룬 사람들의 모습과 그들이 이룬 업적과 삶의 모습들이 파노라마처럼 흘러갔다. 화면은 영화 '주라기 공원'의 장면에서 멈추고 그 영화의 감독 스티븐 스필버그의 얼굴이 클로즈업되었다.

스티븐 스필버그

"먼저 세계에서 가장 높은 흥행 기록을 가진 영화감독 스티븐 스필버그의 이야기를 합니다. 스필버그를 모르는 사람은 없을 겁니다. 그는 세계에서 가장 창의력이 넘치는 영화감독으로 알려졌는데 '조스', '미지와의 조우', 'ET', '주라기 공원', '칼라 퍼플', '쉰들러 리스트', '라이언 일병 구하기' 등등 그가 만든 작품들은 세계인의 관심을 불러일으킴과 동시에 연속적으로 최고의 흥행기록을 세웠습니다.

스필버그가 영화에 빠져들기 시작한 것은 열두 살 때였답니다. 어머니가 아버지에게 8밀리 코닥 무비카메라를 선물했는데, 그 카메라는 곧 그의 것이 되어버렸습니다. 그는 가족의 전속 카메라맨이 되어 많은 장면을 찍었고 그때부터 영화에 빠져들어 시나리오를 쓰거나 영화 장면을 그려보곤 했습니다.

소년 스필버그는 그때부터 학교 다니기가 몹시 싫어졌습니다. 영화감독을 꿈꾸는 그에게 학교에서 가르치는 과학, 수학, 외국어 등은 아무런 도움도 안 되는 것으로 여겨졌던 것이죠. 당연히 그의 학과 점수는 형편없었고, 체육은 고교 3년 내내 낙제였습니다.

그는 학교에서 내주는 숙제를 피하고자 더욱더 영화에 매달렸습니다. 촬영한 필름을 편집한다는 핑계로 1주일에 한 번 정도는 아예 학교에 나가지도 않고 꾀병을 부렸습니다.

그런데 그의 어머니가 그런 아들을 응원하고 나섰습니다. 우리나라 어머니들 같으면 어림도 없을 텐데 스필버그의 어머니는 이러한 아들의 자기표현을 끊임없이 지지해 주셨습니다. 어머니의 응원 덕에 스필버그는 풍부한 창의력을 바탕으로 아마추어 영화를 제작하기 시작했고 16세부터 자신의 영화에 자본을 끌어들이는 놀라운 능력을 발휘하기 시작했습니다.

그의 첫 번째 장편영화인 '불빛 Firelight'은 8밀리 영화였습니다. 그는 자신의 능력으로 공항을 폐쇄하고, 지방병원까지 자신의 촬영지로 만드는 추진력으로 영화를 완성했습니다. 배짱이 두둑했던 그는 피닉스 극장을 찾아가 로비를 한 끝에 자신의 영화를 상영하게 하였습니다. 그리하여 불과 5백 달러를 들여 만든 영화로 1천 달러의 순이익을 만들어냈습니다. 영화와 자본의 관계를 그는 이미 이해하고 있었던 것입니다.

고등학교를 졸업한 스필버그는 캘리포니아 주립대학인 롱비치 대학에 입학했지만 공부에 관심이 없기는 여전했습니다. 그는 학교에 가는 대신 양복을 차려입고 회사 직원처럼 행동하면서 유니버설 스튜디오를 마치 자기 집처럼 자유롭게 드나들었습니다.

매일 그곳에 들어가 촬영 장면들을 참관했고, 심지어 영화 관계자와 친분까지 맺었습니다. 그의 태도가 너무 당당해서 관리인들은 그가 신입사원인 줄 알고 그대로 내버려 두었습니다.

그러던 중 그는 TV제작자인 사인버그를 만나 자신이 만든 영화 〈앰블린〉을 보여줄 기회를 잡았습니다. 그런데 사인버그가 그 작품을 높게 평가해서 정식 계약을 요청해 왔습니다. 사인버그는 스필버그가 아직 학생이란 것을 알고 말했습니다.

"자네는 대학을 꼭 졸업할 필요가 없을 것 같군. 내가 영화감독의 길을 가르쳐주지."

이 제의를 받은 스필버그는 1주일 동안 자신의 진로에 대해서 고민하다가 대학을 포기하고 영화를 선택했습니다.

그 후 유니버설에 입사해서 3년간 TV드라마를 기획하면서 영화감독 수업을 받았습니다. 남들이 대학 공부를 하는 동안 현장에서 자기 분야를 확실하게 공부하고 실력을 다졌고 그 후 수많은 영화를 만들어 내기 시작했습니다.

스물여덟 살 때 히트작 '죠스'를 감독하고 나서 연이어 세계 최고의 히트작을 만들어 세계 엔터테인먼트의 기린아로 떠올랐습니다.

한때 우리나라에는 이런 말이 유행했었지요. 스필버그는 '쥬라기 공원' 한 편으로 8억 5천만 달러를 벌어들였는데, 그것은 그해 우리나라가 수십 만 대의 자동차를 수출해서 벌어들인 돈보다 많다, 라고 말입니다. 스필버그는 흥행에서만 앞서는 감독이 아니라 영화를 만드는 아이디어와 기술력, 대중이 선호하는 취향을 제대로 읽고, 영화의 여러 장르를 넘나들면서 새로운 영상세계를 주도적으로 만들어내는 감독으로 정평이 나 있는데 그것은 다 그의 창의력이 뛰어난 것을 보여주는 증거인 것입니다."

마쓰시타 고노스케

"두 번째는 일본에서 '경영의 신'이란 극찬을 받으며 가장 존경받는 기업인이 된 마쓰시타 고노스케의 이야기입니다. 그는 1894년 와카야마에서 쌀 도매업을 하는 집안의 8남매 중 막내로 태어났습니다. 어려서 아버지의 사업이 몰락하는 바람에 초등학교 4학년을 다니다 중퇴하고 자전거포에서 일하다가 17살이 되던 해 '오사카 전구회사'에 취직을 합니다. 그는 성실함과 훌륭한 손재주로 인정을 받고 초고속 승진을 하다가, 22살 되던 1917년에 자신이 직접 '마쓰시타 전기회사'를 설립했습니다.

마쓰시타는 자신이 직접 설계한 플러그 어댑터를 만들어냈습니다. 이 제품이 인기를 끌어 회사는 직원이 20명이나 될 정도로 급속하게 성장했습니다.

마쓰시타가 다음에 제작한 제품은 혁신적인 자전거 램프였습니다. 그러나 이 제품은 소비자의 눈길을 끌지 못했습니다. 그러자 마쓰시타는 판매 방식에 대한 혁신적인 생각을 고안해 냈습니다. 자전거 램프를 자전거포에 주고 대금을 나누어 받는 '외상 직거래' 망을 전국적으로 펼쳐나갔고 결과는 대성공이었습니다.

1925년 마쓰시타는 '내셔널' 이라는 상표를 붙이고 수출을 시작했는데 당시로써는 획기적인 신문광고를 대대적으로 해 나갔습니다. 그러면서 그는 서양의 어떤 기업에서도 시도하지 않은 '고객서비스' 란 개념을 도입했던 것이죠. 그는 '애프터서비스' 란 개념을 최초로 도입하면서 이런 말을 했습니다.

"고객의 눈길이나 끌어 상품을 판매할 생각을 하지 마라. 고객에게 도움을 줄 상품을 만들어 팔아야 한다. 판매하는 것보다 판매한 후의 서비스가 더 중요하다. 판매한 후 서비스를 잘해주면 그 사람은 평생 고객이 되는 것이다."

그러다 보니 마쓰시타의 제품은 날개 돋친 듯이 팔려나갔습니다. 마쓰시타는 1931년 특허권을 사서 라디오 관련 업체가 그것을 자유롭게 이용하도록 배려하면서 사회정의를 중요시하는 기업가 정신을 주창했습니다.

1932년에 이르러 마쓰시타는 공장 10개, 직원 1,000명을 넘어섰고 특허권을 280여 개나 보유한 대기업의 길로 들어서며 산업왕국의 초석을 다졌습니다.

마쓰시타가 그러한 성공을 거둔 배경에는 제품의 질 외에도 소매업자와 소비자들에게 새로운 서비스의 개념을 심어준 데 기인한 것입니다. 마쓰시타는 헨리 포드가 이룩한 대량 생산의 방식에 고품질과 서비스란 개념을 추가함으로써 국민에게 봉사하는 기업이란 개념을 만들어 냈습니다.

마쓰시타는 1947년 PHP Peace, Happiness, Prosperity 협회를 설립하여 기업의 사회 기여를 강조했고, 1960년에는 업계 최초로 주5일 근무제를 실시함으로써 고객만족뿐만 아니라 '직원만족'이란 개념을 이끌어냈습니다. 그는 1929년 출간 한 『기업경영 목표의 근간 Basic Management Objective』이란 책에서 기업의 사회적 의무에 대해 이렇게 강조했습니다.

"우리는 산업 일꾼으로 책임을 통감하면서 기업 활동을 통해 사회 발전에 참여하고, 사회 복지를 위해 최선을 다해야 한다. 그렇게 함으로써 삶의 질을 지속적으로 향상시키는 것이다."

그는 또 기업이 이익을 남기지 못하는 것에 대해서 이렇게 정의하고 있습니다.

"그것은 사회에 대한 죄악이다. 우리는 사회의 자본, 인력, 물자를 이용한다. 하지만 흑자를 내지 못한다면 우리는 다른 곳에서 쓸 수 있는 소중한 자원을 낭비하는 것이다."

정말로 당시로써는 놀랄만한 혜안이라고 할 수 있습니다. 마쓰시타는 이렇게 세상을 내다보는 힘이 있었기에 경영의 신이라는 칭호를 얻게 된 것입니다."

테드 터너

"중퇴자 중에는 테드 터너라는 사람도 있습니다. 그는 세계에서 가장 영향력 있는 미디어인 24시간 뉴스채널 CNN 창설자입니다. 그는 어린 시절 큰 꿈을 가슴속에 품고 있었는데 자신의 책상 앞에 이렇게 써 붙여 놓고 있었다고 합니다.

"나는 알렉산더 대왕, 나폴레옹, 벨이나 토마스 에디슨 같은 역사적 인물들보다 더 큰 성취를 이루고 말 것이다."

하지만 그가 1963년 브라운대학교를 중퇴하고 아버지가 운영하던 광고회사에서 섭외부장으로 일하고 있을 때 운영난을 비관한 아버지가 권총으로 자살하는 사건이 터졌습니다.

아버지의 광고회사를 물려받은 테드 터너는 도산 직전의 가업을 흑자경영으로 돌려놓는 수완을 발휘해서 경영자로서의 자질을 나타내기 시작합니다. 그리고 1970년, 테드 터너는 단순한 광고업이 아닌 방송업에 손을 대게 됩니다. 그는 망하기 직전인 애틀랜타 UHF 방송국을 싸게 사들여 TV 방송국의 경영자로 나섰습니다.

이때 터너는 TV방송 역사상 가장 큰 획을 긋는 결정을 내렸습니다.

1975년, 그는 전파를 통신위성으로 쏘아 올려 그것을 케이블 시스템으로 수신하는 WTCG 뒤에 WTBS, 또는 Turner Broadcasting System의 약칭인 TBS로 개칭됨 방식을 이용하여 방송전파를 미국 전역에 닿도록 한 것입니다. 이런 새로운 방송 시스템은 터너가 처음으로 생각해낸 것은 아니었지만 터너는 이 시스템이 가진 가치를 간파하고, 미래의 케이블 TV시대를 내다본 포석을 깔아둔 것이었습니다.

1980년 테드 터너는 TV방송 역사상 가장 큰 획을 긋는 또 하나의 결정을 합니다. 그것은 바로 24시간 뉴스채널인 CNN Cable News Network의 창설이었습니다.

1970년대가 저물어 가는 어느 날, 리스 숀펠드라는 사람이 찾아와 터너에게 말했습니다.

"어제 일어난 사건이 아니라 지금 일어나는 사건을 현장에서 생중계하는 게 어떻겠습니까?"

이 새로운 아이디어를 접한 테드 터너는 흥분된 어조로 숀펠드에게 말했습니다.

"당신이 바로 내가 찾던 사람이오."

터너가 방송을 뉴스 중심으로 구성하겠다는 결정을 내리자 참모들조차 시장성이 없다고 만류하고 나섰습니다. 그러나 테드 터너는 자신만의 믿음으로 그 일을 밀어붙였습니다.

터너는 누구도 깰 수 없을 것 같은 ABC, NBC, CBS로 분할 지배하던 미국방송 3사의 틀을 깨려면 뉴스에 올인하는 방법밖에 없다고 판단했습니다.

그리고 마침내 기회는 왔습니다. CNN을 창설한 지 얼마 안 되어 걸프전이 터진 것입니다. 미국 3대 방송사가 현지에 특파원을 보내고 허둥거리고 있을 때, CNN의 피터 아네트 기자는 인공위성으로 걸프전 현장의 모습을 생생하게 전 세계에 보도했습니다.

꽝음 속에 타오르는 검붉은 화염, 겁에 질린 이라크시민들, 미사일이 떨어질 때마다 흔들리는 카메라 화면, 피로 물든 전장을 커피를 마시며 지켜보는 펜타곤의 지휘본부…….

이것은 뉴스가 아니라 흥미진진한 드라마가 아닐 수 없었습니다. 그저 '또 폭음이 들립니다. 아! 여기로 탱크가 달려옵니다.' 라는 아네트 기자의 짤막한 리포트만 해도 시청자들은 TV 앞을 떠나지 못했습니다. 그 후에도 CNN은 세계 곳곳에서 특종을 날리며 오늘날 CNN 신화를 만들어갔습니다. 지금은 전 세계 210개국에서 서비스를 하며 특파원 1,000여 명을 파견해놓고 있습니다. 어느 방송사도 이제

는 그 인프라를 구축할 엄두조차 내지 못하는 규모로 CNN은 독보적
이며 압도적인 방송으로 성장했습니다."

빌 게이츠

"기회를 잡는 자는 미래를 내다보는
혜안이 있어야 한다고 하는데 빌 게이
츠야 말로 미래를 제대로 내다보고 특유의
순발력으로 그 기회를 낚아챈 대표적인 기업인입니다.

2005년 3월11일, 미국의 종합경제지 '포브스' 는 세계 갑부 691명
의 명단을 발표하면서 빌 게이츠가 465억 달러의 순자산을 보유해
11년 연속 세계최고 부자의 자리를 차지했다고 밝혔습니다.

빌 게이츠가 이처럼 세계 최고의 부자로서 부동의 1위를 11년 동
안이나 지킬 수 있었던 이유는 그의 나이 20살 때 마이크로소프트MS
를 창업한 데서 비롯됩니다.

그는 고등학교 시절 틈틈이 컴퓨터 프로그램을 만드는 아르바이트
를 하면서 자신에게 다가온 '평생의 기회' 에 대한 예감을 했습니다.

"야, 폴, 앞으로는 집집마다 퍼스널 컴퓨터가 보급이 돼서 그 수효
가 엄청날 거야."

고등학생인 빌 게이츠가 친구인 폴 앨런Poul Allen에게 말했습니다.

"정말 그럴까?"

폴은 반신반의하며 물었습니다.

"내 말이 맞을 거야."

빌은 저렴한 컴퓨터가 가져올 미래상을 펼쳐보였습니다. 당시는 컴퓨터 전문가들조차 컴퓨터는 국가기관이나 큰 회사에서 업무용으로 쓸 수 있을 뿐이란 생각을 하고 있을 때였습니다. 빌의 설명을 들은 폴은 동의했고 두 사람은 곧 의기투합했습니다. 1975년 두 사람은 헛간에서 뮤지컬 연습을 하면서 스타의 꿈을 키우는 영화 속의 주인공처럼 젊은 패기 하나만으로 회사를 차렸습니다.

'책상 위의 작은 컴퓨터를 위한 베이직 프로그램'을 개발하는 것이 그의 첫 사업이었습니다. 그는 그것이 곧 전 세계의 직장과 가정에 보급돼 폭발적인 수요를 창출할 것이라는 것을 예측하고 흥분을 감추지 못했습니다. 꾸물거릴 시간이 없다고 생각한 그는 그 절호의 기회를 놓치고 싶지 않아서 모험을 시도했습니다. 프로그램을 개발할 시간이 없다는 판단에 따라 시애틀의 한 회사에서 초기 개발 단계에 있던 소프트웨어인 Q-DOS를 50달러의 헐값에 사들였습니다. 그는 수정에 수정을 거듭한 끝에 그 프로그램을 MS-DOS로 탈바꿈시켰습니다.

빌 게이츠는 IBM을 상대로 뛰어난 비즈니스 능력을 발휘해 그 제품을 IBM PC를 작동시키는 운영체계로 끼워 넣는 데 성공했습니다.

1981년 8월 IBM 개인용 컴퓨터가 시장을 강타했습니다. 빌 게이츠의 예상은 맞아떨어졌습니다. IBM PC는 순식간에 개인용 컴퓨터 시장을 장악했고 IBM PC가 전 세계 개인용 컴퓨터의 표준으로 자리매김함에 따라 MS-DOS는 덩달아 전 세계의 개인용 컴퓨터를 구동시키는 세계적인 표준 소프트웨어가 됐습니다.

그 후, 윈도우로 이어지는 MS의 운영체계는 전 세계 개인용 컴퓨터의 90% 이상을 움직이게 됐습니다. 그 덕분에 빌 게이츠는 그 거대한 컴퓨터 제국 IBM을 누르고 컴퓨터시대의 황제로 등극했습니다. 어찌 보면 IBM은 MS를 위해서 'PC'라는 용어와 제품을 널리 보급시킨 셈이었습니다. MS의 운영체계가 30년 가까이 세계 퍼스널컴퓨터의 표준으로 군림하고 있는 것은 미래를 내다보는 창의적 혜안 덕분이라고 해야 할 것입니다."

네 번째 선택 – 창의력은 노력에서 나온다

"앞에서 살펴본 네 사람은 너무나 유명한 사람들이라서 여러분에게 새삼스럽게 새로운 이야기를 들려줄 수는 없었을 것입니다. 그럼에도 뚱보강사가 이 사람들의 이야기를 길게 한 것은 여러분이 그 사람들을 본보기로 삼아서 자신이 타고난 창의력을 스스로 끌어내 주었으면 하는 바람 때문입니다.

여러분! 여러분은 무엇을 팔 것입니까? 무엇을 팔아서 몸값을 올리고 성공을 거머쥘 수 있다고 생각하십니까? 여러분이 자랑하고 싶은 강점은 무엇입니까? 근면, 성실, 인화력, 빠르고 정확한 계산…그러나 그것은 최고의 몸값을 만들어주지는 못합니다.

뚱보강사가 결론을 내리겠습니다. 한마디로 말해서 창의력 외에는 없습니다.

스필버그 한 사람이 메가폰을 잡으면 수십억, 수백억 달러의 산업이 일어납니다. 초등학교 4학년을 다니다 중퇴하고 자전거포에서 일하던 마쓰시타는 창의력을 바탕으로 기업을 세웠고 경영의 신이 되었습니다. 테드 터너는 번뜩이는 아이디어로 세계 미디어의 역사를 새로 썼습니다. 빌 게이츠는 세계 퍼스널컴퓨터의 표준을 장악하겠다는 창의적 발상 하나로 목적을 달성함으로써 40살, 약관의 나이에 세계 최고 갑부의 자리를 차지했습니다. 한마디로 말해서 남다른 생각을 하고 남다른 일을 저지르는 사람이 운명을 개척한다는 것입니다.

이제 여러분은 네 번째 선택을 해야 하는 시간이 되었습니다. 특히 이번 선택은 회사를 위해서 몸과 영혼을 다 바치는데도 보수는 쥐꼬리 같다고 여기는 분들이 귀담아듣고 선택해야 할 과제입니다. 창의력이 생명이다, 란 말은 아무리 강조해도 모자람이 없을 것입니다. 우리가 사는 이 시대는 현실과 가상현실이 뒤범벅되어 있는 시대입니다. 중요한 것은 오늘날의 소비자는 제품 자체보다는 기호를, 자신의 욕구를 소비한다는 것입니다. 이 때문에 창의력을 지니지 못한 사람은 아무것도 팔 수가 없습니다. 20대에 창의력을 발휘하지 못하면

십중팔구 성공하기 어렵습니다. 가능한 한 빨리 자신의 창의력을 계발해서 절호의 기회를 맞이해야 합니다.

여러분! 이번 기회에 자신의 능력을 처음부터 점검해 보세요. 밑바닥부터 자신을 찬찬히 살펴보고 자신의 창의력을 바탕으로 20대 첫 10년간의 계획을 새롭게 짜봅시다. 그 계획은 고객의 요구와 회사의 방침과 나의 목표를 일치시키는 것이 되어야 합니다.

창의력이 하늘에서 뚝 떨어지는 것쯤으로 생각하는 사람들을 위해서 뚱보강사가 중요한 것 한 가지를 말하겠습니다. 창의력은 타고나는 것이 아니라 노력에서 나온다는 것입니다.

창의력하면 천재들만이 가진 무슨 신비로운 능력 같은 것으로 알고 있는데 그것은 절대로 아닙니다. 창의력을 계발하는 데는 모방도 좋은 방법입니다. 우리가 천재라고 부르는 사람들도 알고 보면 모방의 천재들이었습니다. 모차르트가 모방의 천재였다면 여러분은 믿을 수 있을까요? 모차르트는 하이든의 제자였습니다. 모차르트는 1788년 '주피터 교향곡'을 포함하여 이른바 3대 교향곡을 아주 짧은 기간에 작곡했고, 그 곡들은 불후의 명작으로 알려졌습니다. 그런데 현대의 대표적인 모차르트 연구가인 독일의 음악사 알프레드 아인슈타인은 모차르트의 곡들이 하이든의 곡을 모방했다는 흔적을 대부분의 소절에서 확인할 수 있다고 밝혔습니다. 모차르트는 또 여러 곡에서 바흐의 기법도 차용한 것으로 알려졌습니다.

'하늘 아래 새로운 것은 없다.' 는 명언도 있지만, 실제로 우리 현대인은 조상이 남기고 간 것을 모방하며 사는 것이 아닐까 싶습니다. 그것을 우리는 요즘 말로 벤치마킹이라고 합니다.

기업의 벤치마킹으로 유명한 것은 삼성의 세계 일등기업에 대한 벤치마킹이었습니다. 1993년 삼성 수뇌부는 삼성이 세계적 기업이 되려면 세계 일등기업들을 배우는 방법밖에 없다고 결론을 내렸습니다. 그 후 삼성은 2년 동안에 걸쳐 전자, 중공업, 섬유, 재고관리, 마케팅, 고객서비스, 물류, 판매관리 등 각 분야의 세계적인 방법을 가진 일등기업들을 선정하고 본격적인 연구와 벤치마킹에 들어갔습니다. 수천 명의 임원과 엔지니어들이 세계 각지를 돌면서 우선 핵심 일등기업들에 대한 벤치마킹을 통해서 그들의 앞선 운영 시스템을 도출해내는 데 주력했습니다. 그들은 자신들의 기술 수준을 파악한 후 이를 세계 초우량기업의 수준과 비교해 격차를 측정하고, 그 격차를 조기에 축소하는 전략을 기본전략으로 세웠습니다. 2년 정도가 지나자 그 효과가 서서히 나타나기 시작했습니다. 세계 일등기업들의 방법을 전수받아서 돌아온 삼성인들은 대상 기업의 장단점을 낱낱이 분석해서 삼성만의 것으로 만들었던 것입니다. 그렇게 개발한 핵심기술은 우수한 품질의 상품 생산으로 이어졌고, 삼성은 세계 1위 제품을 만들어내면서 국제경쟁력과 위상이 점차 높아져 세계 초일류기업의 반열에 진입했던 것입니다.

이쯤 되면 여러분은 뚱보강사가 왜 창의력이 노력에서 나온 것이라고 말했는지 이해가 될 것입니다. 창의력을 갖고자 하는 사람은 호기심만 잃지 않고 있으면 됩니다. 성공한 사람들의 공통점은 사물에 대한 왕성한 호기심을 갖고 어떠한 상황에서 누구에게라도 무엇인가를 배울 수 있는 자세를 하고 있다는 것입니다.

여러분 호기심을 가지십시오."

지식 영토를 개발하라

"여러분은 지금 지식정보 사회 속에서 지식과 정보가 해일처럼 밀려오는 정보의 바다에 서 있습니다. 자기분야의 전문적인 지식을 가지고 있지 않으면 남들에게 뒤처지게 되고 낙오하기 십상입니다. 그것을 다 접하고 자기 것으로 만들려면 하루 24시간도 너무 짧지요. 그러나 성공한 사람은 많은 것을 알려고 하지 않습니다.

잡다한 정보의 홍수 속에는 너무도 쓸데없는 정보들이 떠돌아다니는 탓에 혼미스러울 때가 많지요. 지식과 정보를 접하는 것도 중요하지만, 일단 접하게 된 지식과 정보를 자기 것으로 만드는 게 중요합니다. 지식과 정보를 자기 것으로 가공하는 기술을 가진 자만이 자기만의 지식 영토를 확보할 수 있습니다.

각자 자기 분야의 자기 일에 관한 지식 영토를 마련하고 자기만의 확고한 지식을 개발하세요. 그래야 지식 영토의 범주 속에서 자신만의 파워 영역을 확보하고 자신의 일을 성공으로 만들어 보다 밝은 미래를 만들 수 있습니다. 자기 지식 영토를 만드는 일은 억대연봉자로 성공하기 위한 필수 사항입니다.

자신만의 영토를 확보하려면 매일 매일 쏟아져 들어오는 신문이나 인터넷의 지식 정보들을 접하는 것도 좋지만, 지나치게 상식이상의 잡다한 지식을 많이 아는 것은 능력의 낭비가 될 수 있습니다.

뚱보강사는 여기서 자신도 모르게 자기분야의 전문가가 되는 방법을 제시합니다.

그것은 자기 일과 연관된 전문잡지를 한 달에 한 권 이상 정기적으로 읽는 것입니다. 여러분은 이 간단한 방법으로 프로의 반열에 올라설 수 있습니다. 진짜 성공한 사람이 되려면 10년 이상 그런 습관을 가져야 합니다. 그렇게 하면 자기만의 지적 영역이 생겨나고 통찰력과 창의력이 생겨서 미래를 잘 개척할 수 있습니다. 그것은 아주 대수롭지 않은 일처럼 보이지만 자신도 모르는 사이에 커다란 수련이 된다는 것을 명심하세요.

이 일은 당장 실천에 옮기는 것이 좋습니다. 그냥 취미로 생각하던 일이 놀라운 결과를 나타냅니다. 어느 날 자신도 모르는 사이에 자신이 그 분야에 해박한 지식을 가지고 있다는 것을 발견하게 되기 때문이죠. 그것을 세월의 힘이라고 말하는데, 그때쯤 여러분은 자기 분야를 독수리가 높은 곳에서 자신의 먹잇감을 내려다보는 듯한 넉넉한 시야를 가지게 되어 그 분야의 전문가가 되어 있을 것입니다.

뚱보강사는 여러분에게 전문가는 그런 아주 단순하지만 꾸준한 노

력을 통해서 단련된다는 것을 말하고 싶습니다. 뚱보강사는 이 말을
여러분이 가슴 깊이 새겨들었으면 좋겠습니다.

진정한 전문가는 학교 공부를 마치고 석사, 박사가 되었다고 만족
하지 않습니다.

그들은 오히려 그것이 시작이라고 생각하고 더 넓고 깊은 영역을
탐구해 들어가고 있습니다.”

오늘의 멘토 – 정주영 회장

우리나라 기업인 중에서 창의력이 가장 뛰어났던 사람은 정주영
회장일 겁니다. 그는 역발상의 천재로 많은 일화를 남긴 한국의 기업
인을 대표하는 인물입니다.

정주영은 타계한 지 오래 되었지만, 아직도 각종 여론 조사에서 가
장 존경하는 기업인 1위의 인물로 꼽히고 있습니다. 그는 세계인이
찬탄해마지않는 60, 70년대 ‘한강의 기적’을 일으킨 제1세대 기업가
중에 가장 걸출한 인물이었습니다. 경부고속도로의 건설, 해외건설
시장 진출, 세계 최대의 조선소 건립, 세계를 누비는 자동차…등을
통해서 한국 경제발전의 기틀을 다지는 데 큰 역할을 했습니다.

그는 보리밭 잔디, 무일푼의 조선소 건설, 소양강 사력댐, 유조선
공법, 올림픽유치, 대통령 출마, 소떼몰이 방북 등 헤아릴 수 없이 많

은 신화 같은 일화는 정주영의 창조적 능력과 진취적 기상을 보여준 사례입니다. 그럼 오늘의 멘토인 정주영 회장의 창의력이 넘친 일화를 중심으로 그의 발자취를 따라가 보겠습니다."

화면에는 최근 TV광고에 등장한 정주영의 모습이 비친다. 그리고 현대건설, 현대자동차, 현대중공업 등 그가 일으킨 기업들과 거기서 생산된 제품들이 세계를 누비는 영상이 비친다. 잠시 후 내레이터가 정주영의 일화를 몇 편의 에피소드로 묶어서 소개해 나가기 시작했다.

보리밭 잔디

1952년 12월 미국 대통령 아이젠하워가 한국을 방문했을 때 일이다. 그는 자신이 대통령에 당선되면 한국전선을 직접 시찰하고 나서 한국전쟁을 평화적으로 종결짓겠다고 한 선거공약을 실천하려고 한국을 방문하게 되었다.

아이젠하워는 한국을 방문했을 때 부산에 있는 유엔군묘지를 방문하고자 했다. 마침 그곳에서는 현대건설이 유엔군묘지 단장 공사를 하고 있었다. 그때까지도 유엔군묘지는 전시라서 그럴 경황이 없었겠지만 뗏장 한 입 입히지 못한 채 맨흙 바닥 그대로 방치되다시피 해서 황량하기 짝이 없었다. 그 유엔군묘지를 아이젠하워가 참배할 예정이었기 때문에 부랴부랴 시작한 단장 공사였던 것이다. 그런데 미군 측에서는 느닷없이 엄동설한에 묘지를 파란 잔디로 단장해 달라는 황당한 주문을 했다.

12월 한겨울에 파란 잔디를 어디서 구한단 말인가?

정주영은 한참을 고민하다가 번쩍, 아이디어가 떠올라서 무릎을 쳤다. 그에게 불가능은 없었다. '콜럼버스 달걀이 별거냐?' 하는 생각이 들었다.

초조하게 정주영의 입이 떨어지기를 기다리던 미군 관계관들도 문득 긴장했다.

"당장 파랗게 풀이 나게 하면 되는 거요?"

정주영은 자신 있게 물었다. 그렇다는 것이었다.

"그럼 좋습니다. 돈만 내 놓으시오!"

"정말이요?"

"이 정주영이가 언제 허튼소리 하는 것 들었읍니까?"

"어떻게 할 건지 그 방법을 말해 보시오."

"아이디어만 제공하고 돈을 못 받으면 난 어떡합니까? 하하."

하고 너털웃음을 웃자 영문을 모르는 8군 관계관들도 따라 웃고는 돈은 얼마든지 내겠다는 것이었다.

"정확하게 얼마를 주겠다는 싸인을 합시다."

"얼마면 되겠읍니까?"

"아이디어 값이 있으니까 실비의 3배는 받아야겠읍니다."

"좋습니다. 어서 실비를 계산해 내시오."

그래서 정주영은 대강 생각나는 대로 넉넉한 실비를 계산해 내고 한겨울에 실비 3배의 유엔군묘지 녹화공사라는 기상천외한 계약을 체결하고 미8군을 나왔다.

그는 즉시 운현궁 공사로 서울에 올라와 있는 김영주를 만났다.

"자넨 이 길로 부산에 내려가 무조건 트럭 30대만 대절해서 김해 군청 앞으로 끌고 오게."

"트럭을 30대씩 뭘 하게요?"

"유엔군묘지에 잔디를 입히기로 했어."

"잔디를요?"

"응."

"이 겨울에 잔디가 어디 있읍니까, 형님?"

"김해 벌판의 보리를 캐다 심으면 돼."

"예? 보리를요?"

"아 높은 사람이 쭉 차 타고 와서 헌화나 하고 돌아가면 그만인데 그 사람들이 보린지 잔딘지 들여다보고 확인할 거야?"

정말 콜럼버스의 달걀이었다. 그렇게 해서 파랗게 단장된 유엔군 묘지를 참배한 아이젠하워는 원더풀을 연발하고 돌아갔다.

미군 관계자들도 "원더풀, 원더풀, 굿 아이디어"를 외쳐댔고, 그 이후 미군 공사는 손가락질만 하면 정주영의 것이 되었고, 값은 그가 써 내는 것이 값이었다.

군납공사는 확실히 단단히 수지맞는 사업이었다. 공사는 대부분이 수의계약이었으며 공사비는 담당관의 싸인 하나로 결정되는 때였다. 공사비는 현대건설이 미리 알아서 넉넉히 써내는데도 때로는 8군 공병감실 담당관이 더 늘려 주기도 했었다.

게다가 미군 공사는 미화로 계약되었기 때문에 공사대금을 받을 때쯤이면 환율이 엄청나게 뛰어올라서 그 환차에서 오는 수익 또한 막대했다. 1950년도에 1,800대 1하던 환율이 1951년도에는 2,500대 1, 다시 1952년 12월에는 무려 6,000대 1로 급등했던 것이다. 정주영이 전쟁 기간에 미군 공사만을 한 것은 아니다. 정부가 발주하는 긴급 복구공사에도 활발하게 참여했다.

빈대의 지혜

1940년 자동차 수리공장인 '아도 서비스Art Service'를 창업했을 때의 일이다. 자동차 수리 공장을 세운 정주영은 꿈에 부풀어 있었다. 그동안 모아 두었던 돈으로 공장을 인수한 정주영에게 공장은 너무도 소중한 것이었기에 온종일 일에만 열중했다. 그런데 채 한 달도 지나지 않아 한 직공의 실수로 그만 공장에 불이 나 버렸다.

손님들의 차를 모두 배상해주고도 부속비, 공구비 등 갚아야 할 돈은 헤아릴 수 없이 많았기에 빚을 얻고 또 얻을 수밖에 없었다. 돈을 빌리려고 이리저리 뛰어다니고 다시 공장을 세우려고 허가를 받으려는 노력이 계속되었다. 하지만 돈이 잘 모이지 않았고 공장을 새로 허가받는 것도 어려웠던 정주영은 절망에 빠진 상태였다. 지친 몸을 이끌고 집으로 돌아가 잠을 청했지만 쉽사리 잠을 청할 수 없었던 정주영은 그렇게 누워 막노동할 때 보았던 '빈대의 모습'이 떠올랐다.

네 번째 가출로 인천 부두에서 막노동 시절, 그곳의 노동자 합숙소는 빈대들의 천국이었다. 정주영은 온몸에 달라붙어 떨어지지 않는 빈대 때문에 잠을 설치기 일쑤였다. 그래서 정주영은 꾀를 내어 커다란 탁자 위에 올라가 자기로 했다. 하지만 하루 정도만 괜찮았을 뿐 빈대들은 탁자에 기어올라와 다시 물어뜯었다. 그래서 정주영은 탁자 다리 밑에 물을 담은 양재기를 하나씩 두기로 한 것이다. 그러면 빈대가 올라오다 미끄러져 모조리 물에 빠져 죽을 것이라는 생각이었다. 그런데 더 놀라운 것은 빈대들이었다. 예상과 달리 이틀쯤 지나자 빈대들이 또다시 물어뜯기 시작하는 것이 아닌가.

"도대체 어떻게 빈대들이 그릇의 물을 피해온 것일까?"

궁금해진 정주영은 주위를 자세히 살펴보다 깜짝 놀랐다. 물이 담긴 양재기 때문에 접근하는 것이 어려워지자 빈대들은 사람을 물려고 벽을 타고 천장으로 올라간 다음, 사람을 목표로 뚝 떨어져 목적을 달성하고 있는 것이었다.

정주영은 빈대의 그 포기하지 않는 정신에 혀를 내둘렀다.

"그래, 이런 하찮은 빈대조차도 자신이 이루고 싶은 일을 쉽사리 포기하지 않고 여러 가지 방법을 생각하여 다시 도전하는데, 하물며 사람인 내가 이렇게 쉽게 포기해서 되겠는가! 세상에 이루지 못할 일은 없는 거야. 해보고 안 되면 다른 방법을 생각해보고 다시 시도하는 거야. 성공, 그것은 포기하지 않고 끝까지 토진 하는 자만이 가질 수 있는 소중한 선물이야."

일이 쉽사리 풀리지 않고 모든 것을 포기하고 싶어질 때, 더는 물러설 수 없는 최악의 순간, 정주영은 이 빈대가 주는 교훈을 떠올리며 다시 주먹을 불끈 쥐고 일어설 수 있었다.

세계 최대 규모의 조선소를 만들다

1972년, 한국 경제는 경공업 위주의 수출 드라이브 정책에 한계를 느끼고 나름대로 새로운 길을 찾고 있을 때였다. 이때 정부 정책에 앞서 이미 건설을 주 업종으로 경공업과는 일정한 거리를 두고 있던 정주영은 아무도 생각하지 못했던 거대한 프로젝트를 설계한다. 그것은 바로 조선소 건설 프로젝트였다.

현대조선소의 창업 당시의 일화는 정주영의 스타일을 보여주는 것으로 아주 유명하다. 그는 바윗덩어리가 아무렇게나 뒹구는 허허벌

판 모래사장에서 세계 최대 조선소를 건설하겠다는 계획을 세우고, 일단 한번 세워진 사업목표를 힘차게 몰아붙이는 실천력의 소유자였다. 정주영이 조선업에 진출하고자 할 때 가장 큰 문제는 돈이었다. 정주영은 강인한 추진력으로 몇몇 국가와 끈질긴 협상 끝에 마침내 영국과 스위스에서 1억 달러의 차관을 받게 되었다.

정주영은 71년 9월 영국 버클레이 은행으로부터 차관을 얻으려고 런던으로 날아가 A&P 애플도어의 롱바톰 회장을 만났다.

조선소 설립 경험도 없고, 선주도 나타나지 않은 상황에서 영국은행의 대답은 당연히 "NO"였다. 정주영은 그때 바짓주머니에서 5백 원짜리 지폐를 꺼내 펴보였다.

"이 돈을 보시오. 이것이 거북선이오. 우리는 영국보다 300년 전인 1천 5백 년대에 이미 철갑선을 만들었소. 단지 쇄국정책으로 산업화가 늦었을 뿐, 그 잠재력은 그대로 갖고 있소."

정주영의 재치 있는 임기응변은 마침내 롱바톰 회장을 감동시켰고 해외 차관에 대한 합의는 얻었지만 더 큰 문제는 선주를 찾는 일이었다. 롱바톰 회장은 배를 수주해 올 경우 차관을 공여해주기로 조건부 약속을 했던 것이다.

그때 정주영의 손에는 영국에서 빌린 26만 톤급 선박의 설계도와 황량한 바닷가에 소나무 몇 그루와 초가집 몇 채가 선 초라한 백사장을 찍은 사진이 전부였다. 정주영은 봉이 정 선달이 되어 황량한 바닷가에 소나무 몇 그루와 초가집 몇 채가 선 미포만의 초라한 백

사장 사진 한 장을 쥐고 미친 듯이 배를 팔러 다녔다. 정주영은 그리스로 날아가 마침내 '딱 정주영만큼 미친' 그리스 거물 해운업자 리바노스로부터 유조선 2척을 수주받고 영국은행에서 조선소 설립 자금을 받아내기에 이른 것이다.

그 후 정주영은 2년 3개월 만인 1973년 울산조선소를 완공했고, 그 완공식은 당시 수주받은 배 2척의 명명식과 함께 거행되어 조선소 건설과 동시에 배를 진수시킨, 세계 조선사에 기록을 남기게 되었다.

이렇게 정주영의 개척정신과 적극적인 추진력으로 이루어낸 현대 조선소는 현재 세계 1위를 자랑하는 조선소로 성장했다.

주베일의 드라마

정주영의 수많은 일화 중에 20세기 최대의 공사로 불린 '주베일의 드라마'는 가히 인간 정주영을 한마디로 말해주는 압권이라고 할 수 있을 것이다.

1976년 사우디아라비아는 총 공사비 15억 달러 이상이 드는 '주베일 산업항' 공사 건설계획을 발표했다. 정주영은 입찰단을 이끌고 현지에 가서 체류하며 9억 4,460억 달러를 적어내서 그 공사를 따냈다. 그 금액은 그 해 우리나라 예산의 4분의 1에 해당하는 액수였다. 낮은 금액으로 수주한 탓에 정주영은 공사비를 낮추는 데 총력을 기울이지 않을 수 없었다. 이 공사를 하던 중 정주영은 여러 가지 아이디어로 세상 사람들을 놀라게 했다. 정주영은 공사 기간을 하루라도 줄여야 더 많은 이익을 남길 수 있으므로 모든 기자재를 울산에서 만들어 세계 최대 태풍권인 필리핀 해양, 동남아해상, 몬순의 인도양을 거쳐 걸프 만까지 대형 바지선에 실어 나르는 대양 수송 작전을 발표했다.

"모든 자재는 국내에서 송출한다."

이 한 마디로 세계 건설 사상 초유의 드라마가 펼쳐지기 시작했다. 울산에서 주베일까지는 1만 2천km로 경부고속도로를 15번 왕복하는 거리였다. 게다가 자켓이라는 철 구조물 하나가 가로 18m, 세로 20m에 높이 36m, 무게가 5백50t에 제작비는 당시 개당 5억 원짜리로 웬만한 10층 빌딩 규모였다. 이런 자켓이 89개가 필요했다. 현대의 간부들도 불가능한 일이라고 반대했지만 정주영은 그것을 강행했다.

주위에서는 현대가 객기를 부리다가 사우디 앞바다에 침몰할 것이라고 우려했지만, 정주영은 한차례 수송에 35일이 걸리고 그것도 19차례나 계속되는 이 대모험을 보험도 들지 않고 해냈다. 전 세계가 그의 모험적 정신과 불굴의 용기에 입을 다물지 못했다. 하지만 정주영이 무대뽀로 그 결단을 내린 것은 아니었다. 이때도 유실될 경우를 염려한 정주영은 해조류의 흐름을 미리 철저히 계산했고 컴퓨터 시뮬레이션 작업을 통해서 예행연습을 한 후에 그 결단을 내렸던 것이다. 실제로 주베일 산업항 공사장으로 철 구조물을 실은 유인선을 바지선으로 끌고 이동하는 과정에서 대만 해협을 지나다가 심한 폭풍우와 높은 파도때문에 매우 위험한 적이 있었다. 철 로프가 한차례 끊어져 철 구조물이 유실되었으나 그가 해류 흐름의 추적을 치밀하게 사전 준비한 덕에 쉽게 발견할 수 있었다. 결국 그 결단 덕분에 공사 기간단축, 경비절감은 물론 조선경기가 없어 놀고 있는 울산 조선소에도 일감이 늘어나는 일거양득의 효과를 얻을 수 있었다. 많은 국민과 기업인들이 정주영과 같은 개척자적인 사업가를 그리워하고 있다.

열정으로 경영하라

화면이 정지되고 뚱보강사가 다시 마이크를 잡았다.

"어떻습니까? 정주영의 일화는 우리나라 산업화 초기에 이루어진 것들이라서 여러분에게는 다소 낯선 것처럼 보이거나 들릴지 모릅니다. 그러나 지금 우리가 누리는 이만큼의 경제적 여유는 다 기업가 1세대들의 창의력, 그리고 피와 땀의 결과라고 할 수 있습니다.

기업가 1세대들에게는 열정이 있었습니다. 열정이 있어야 자신감이 생기는 법입니다.

창의력이 뛰어난 사람이라도 그 일에 뜨거운 열정을 느끼지 못하면 진행에 어려움을 느낄 수 있습니다. 매사에 뜨거운 열정으로 자신감 있게 그 일에 임하는 자세, 그것만이 성공의 지름길로 가는 길입니다.

정주영의 경우처럼 꿈을 이루려면 용기가 필요합니다. 남들이 '불가능하다.', '쓸데없는 짓이다.' 라고 비아냥거려도 신경 쓰지 말아야 합니다. 남의 일에 비판을 즐기는 그 사람들은 어쩌면 꿈을 이루지 못했기 때문에 그런 말을 하는지도 모릅니다.

창의력과 열정의 '의미' 를 찾는 아주 재미있는 이야기로 오늘 강의를 마칠까 합니다. 인간은 어느 정도 물질적 욕구가 충족되면 더 큰 목적의식을 향해 관심을 이동시킵니다. 그래서 뚱보강사는 인간에게 많은 희망을 거는 편인데 1992년, 미국 아이스크림 제조업협회는 이런 슬로건을 내걸었습니다.

'우리는 아이스크림을 믿습니다!'

아이스크림 장수가 아이스크림을 믿다니요. 사람들은 그 광고를 보고 한동안 멍하게 생각했습니다. 그런데 잠시 후 그 광고가 평범한 아이스크림에 어떤 원대한 이상을 불러 넣고 있다는 것을 깨달았습니다. 협회에서는 이것을 '원칙 선언' 이라고 불렀습니다. 원칙 선언의 내용을 간략히 살펴보면 이렇습니다.

'우리는 아이스크림 산업의 밝은 미래를 믿습니다. 아이스크림은 우유 특유의 성분을 함유하고 있어 사람들의 생활에 활력을 불어넣고, 건강에 유익하며, 다른 유제품과는 비교할 수 없을 만큼 다양한 맛과

영양을 선사합니다.'

이 원칙 선언은 과장 광고를 통해 더 많은 아이스크림이나 팔려는 얕은 속임수가 아니었습니다. 평범함 속에서도 의미를 추구하는 사람들에게 새로운 느낌을 전달하기 위한 고도의 전략이었지요. 아이스크림을 그저 아이들의 주전부리 정도로 생각하던 어른들은 아이스크림 제조업체에서 '아이스크림을 믿는다.'라고 하자 거기서 어떤 원대한 이상과 사명감을 느꼈습니다. 또 아이스크림 회사의 직원들은 자신들이 새로운 맛을 만들어 내는 '장인'이 되어야 한다는 믿음을 갖게 되었습니다. 그야말로 감동 마케팅입니다.

일찍이 사무엘 스마일즈는 이런 말을 했습니다.

"생각의 씨를 뿌리면 행동을 거둬들이고 행동의 씨를 뿌리면 습관을 거둬들이며 습관의 씨를 뿌리면 성품을 거둬들이고 성품의 씨를 뿌리면 운명을 거둬들인다. 이 말을 거꾸로 읽어 내려가면 그 마지막에는 '생각'이 있음을 단번에 알게 된다. 그래서 생각은 삶의 씨앗이라 할 수 있다. 놀라운 것은 성공한 사람은 성공할 수밖에 없는 생각이 있다. 실패한 사람에게는 실패할 수밖에 없는 생각이 있다는 점이다. 마찬가지로 행복한 사람에게는 행복할 수밖에 없는 생각이 있다."

내일은 이 세미나의 마지막 수업인 인맥에 대한 강의가 있을 겁니다. 뚱보강사는 마지막으로 말합니다.

재능이 없다면 열정으로 몰아쳐라. 열정과 몰입이 천재를 이긴다. 여러분 열정으로 스스로 경영하세요."

아이스크림 텔레파시

정희는 뚱보강사가 마지막에 한 아이스크림 이야기를 듣고 전기를 맞은 듯 짜릿한 환희에 사로잡혔다.

그녀는 뚱보강사와 자신이 텔레파시가 통했다는 생각이 들었다.

'어떻게 아이스크림 이야기를 저렇게 멋지게 지금 나에게 해 줄 수 있는 것일까?'

그녀는 '우리는 아이스크림을 믿습니다!'라는 말을 듣는 순간 아이스크림에도 마음이 있다는 생각을 했다. 그리고 그 마음은 뚱보강사와 자신에게 퍼져 있다고 믿었다.

'아, 나도 천재적으로 미쳐가고 있나 보다!'

정희가 그렇게 생각한 것은 얼마 전에 읽은 책에서 미국의 소설가 에드거 앨런 포의 이야기 때문이었다.

1837년 포는 『아서 고든 핌의 이야기』라는 소설을 썼다. 그 소설은 끔찍한 이야기였다. 4명의 선원이 배를 타고 가다가 조난을 당해서 굶어 죽게 되자 한 사람을 죽여서 인육을 먹고, 살아 돌아온다는 이야기였다. 그 재수 없는 선원의 이름은 리처드 파커였다.

그런데 1884년 그 일이 현실로 나타났다. 4명의 선원이 배를 타고 가다가 조난을 당했고 한 사람이 희생을 당했는데 그 재수 없는 선원의 이름은 리처드 파커였다.

아, 어떻게 그런 일이……

그 책의 저자는 포의 천재적인 마성적 재능이 생생하게 꿈꾸고 글로 적은 탓에 현실로 나타났다는 것이었다.

그날 밤 정희는 꿈을 꾸었다. 포는 다소 광기 어린 천재였지만 자신은 아주 부드러운 천사와 같은 모습으로 아이스크림과 대화를 나누며 그들의 여왕이 되어 있는 꿈이었다.

정희는 잠에서 깨자마자 그 꿈 이야기를 적었다. 그녀는 머지않은 앞날에 자신이 아이스크림과 마음을 나누는 꿈을 그리고 있었다.

그런데 놀랍게도 뚱보강사가 그 마음을 나누는 방법을 가르쳐 준 것이다.

'아, 이것은 아이스크림 텔레파시다.'

정희는 10년 후 아이스크림 브랜드를 만들고 여왕이 되어 있는 자신의 모습을 아주 생생하게 그릴 수 있었다.

창조성의 6대 요소

1. **문제의식** – 언제나 문제의식을 갖는다. 호기심이 강하고 새로운 것을 추구한다.

2. **지각의 폭** – 여러 관점에서 받아들인다. 사람들이 못 보고 넘어간 것을 알아챈다.

3. **독창성** – 의외성, 독자성이 있다. 유머 감각과 사람의 마음을 끌어당기는 매력이 있다.

4. **유연성** – 선입관을 갖지 않는다. 고집을 부리지 않고 다른 사람의 말을 경청한다.

5. **연상 능력** – 많이 생각하고, 즉시 생각해 낸다. 처음 발상을 점차 발전시켜 나간다.

6. **의욕과 끈기** – 의욕이 넘치고 끈기가 있다. 도중에 쉽게 꺾이거나 포기하지 않는다.

신모리 야스노리의 『창조적 사고』중에서

SECTION 05

인맥이
자산이다

Business Man Income Economics

사람은 자기 자신과 평화로울 줄 알 때
비로소 다른 사람과도 평화로울 수 있다.

버트란트 러셀

스케줄 관리 기법

범수는 좀 더 부지런해지기로 했다. 회사에 한 시간 일찍 출근하려고 5시에 기상했고 30분 동안 긍정적 자기암시를 하면서 목표에 대한 그림을 그리는 명상에 잠겼다. 그림이 선명하게 떠오르지 않으면 벽에 붙여놓은 글을 읽었다. 그러자 그림이 차츰 선명하게 그려졌다. 그 글을 여러 장 프린트해놓고 한 장은 수첩에 넣고 다니며 시간이 날 때마다 들여다보았다. 이틀밖에 안 되었지만 성공에 대한 신념이 무럭무럭 자라나는 것 같았다.

1시간 일찍 출근을 하니까 좋은 점이 많았다. 우선 지하철의 숨 막힐 것 같은 러시아워를 피하게 되어서 기분이 산뜻해졌다.

사무실에 도착한 것은 채 7시가 안 되어서였다. 사무실에는 아무도 나와 있지 않았다. 제일 먼저 도착했더니 마치 자기가 이곳에 근무하는 직원이 아니라 주인으로서 나오기 시작한 것 같다는 생각이 들었다. 무엇보다 기분이 좋은 것은 아무도 나오기 전에 아침 일찍부터 일을 시작했더니 집중도가 높아져서 점심때 전에 하루의 일을 다 할 수 있을 것 같다는 것이었다. 범수는 이래서 사람들이 '아침형 인간'에 열광했던 것인가 하고 생각해 보았다.

그가 생활습관을 바꾸게 된 것은 하루 24시간 중에서 잠자는 시간, 밥 먹는 시간, 출퇴근을 하느라 오가는 시간 등을 빼면 실제로 일에 몰두할 시간은 그리 많지가 않다는 깨달음 때문이었다. 하루에 여덟 시간 이상 잠을 자면서 남다른 성과를 올린다는 것은 불가능하다는 생각을 했다. 그래서 일단 수면을 줄여야 한다는 결심을 했다. 현실적인 삶에서 가장 중요한 기술 중 하나는 시간획득의 기술이다.

그는 몇 가지의 규칙을 세웠다.

첫째, 저녁을 일찍 먹고 과식을 하지 않는다.

둘째, 저녁 8시 이후에는 가능하면 간식도 먹지 않는다.

셋째, 늦어도 11시 정도에는 잠을 잔다.

이렇게 규칙을 세운 것은 뚱보강사의 홈페이지에서 얻은 정보 때문이었다. 뚱보강사는 얼마만큼 효과적으로 많은 시간을 획득하느냐에 따라 성취도가 점점 벌어진다고 말하고 있었다. 이 규칙을 잘 지키면 새벽 5시에 일어나도 몸이 전혀 피곤치 않고 개운하다는 것이었다. 사실 회사 업무가 아침 9시부터 시작되니까 이 규칙만 잘 지켜도 3~4시간의 황금 같은 시간이 그냥 주어지는 것이었다. 범수는 느닷없이 그 시간이 '기적의 시간' 같다는 생각이 들었다. 이렇게 찾게 된 기적의 시간을 놓치지 않고 하나의 일에 몰입하리라. 내일부터는 전에 배우던 영어교재를 준비해서 1시간 동안 공부를 해야겠다고 생각했다.

진철은 조그만 수첩을 준비해서 우선순위 스케줄을 6가지씩 적어나갔다. 잠자기 전에 다음날 할 일 6가지를 차례대로 수첩에 기록했다. 중요도를 A, B, C로 설정하고 우선순위대로 적고 그 일이 잘되는 그림을 그리면서 잠이 들었다. 아침에 일어나서 다시 한 번 체크하고 출근해서는 곧바로 업무를 시작했다. 수첩에 적은 일을 하나하나 체크하며 그것을 실천해 나가기 시작하자 일이 하나씩 저절로 이루어지는 기분이 드는 것이었다. 한 가지씩 일을 처리하고 결과를 체크할 때는 야릇한 쾌감마저 느껴졌다. 저녁때가 되면 대부분의 일이 다 처리되어서 신기할 정도였다. 뚱보강사의 말처럼 6가지 스케줄 정리 방법에서 정말 통찰력과 창의력이 묻어나오는 것을 느낄 수 있었다. 왜냐하면 그 일을 어떻게 하면 더 잘 마무리 지을까 고민하게 되고 그러다 보니 성취도가 올라가서 충만감까지 느껴지는 것이었다. 그는 계획한 대로 착착 일이 진행되는 것을 느끼고 재미있게 하루를 보내게 된 것이다. 하루 일과를 성취하고 그것을 체크할 때가 기다려지기도 했다.

진철은 회사 일에 재미를 붙이기로 마음먹고 목표를 새롭게 정했다.

'내년에는 대리로 반드시 진급한다.'

그렇게 마음먹고 있는데 영표가 등 뒤에서 말을 걸었다.

"뭐야? 기분이 상당히 좋은 것 같은데."

진철은 자신도 모르게 체크하고 있던 수첩을 덮었다.

"뭐야? 그 수첩은?"

영표가 수첩을 낚아챘다.

"야, 너, 멋지게 실천하고 있구나! 너 멋지다. 나도 이렇게 스케줄 관리를 해야겠네."

수첩을 들여다본 영표가 외쳤다. 두 사람은 회사 일에 적응을 잘 못하고 있어서 뚱보강사의 강의를 듣게 되었는데 강의를 계속 들으면서 서로 통하는 것이 많아지고 친하게 되었다.

영표는 진철과 똑같은 수첩을 사서 스케줄 관리에 들어가면서 진철처럼 목표를 달성하는 습관을 갖기로 했다.

Business Man Income Economics

뚱보강사의 사명 선언문

"어느덧 마지막 강의 시간이 되었습니다. 이 시간이 되면 뚱보강사는 많은 생각에 잠깁니다. 과연 '몸값 제대로 받기' 세미나가 여러분에게 조금이라도 도움이 되었는지, 수강료가 아깝다고 생각하며 돌아가는 것은 아닌지 걱정이 앞서기 때문입니다. 그래서 이 시간이면 뚱보강사는 얼마나 성의를 다했는가를 반성하면서 여러분에게 '사명선언문'을 읽어드리고 마지막 강의를 하곤 합니다. 뚱보강사가 최선을 다해서 여러분에게 강의하고 있다는 것을 알아주시고 부족한 부분은 이메일이나 전화로 지적해주시면 채우도록 노력을 하겠습니다. 그럼 사명선언문을 읽겠습니다."

그렇게 말하고 뚱보강사는 오른손을 높이 들고 자신의 사명선언문을 큰소리로 읽어나갔다. 강당 정면의 대형 화면에는 그의 사명선언문이 비쳤다.

뚱보강사의 사명 선언문

나는 헤드헌터로서 이 땅의 젊은이들에게 적성에 맞는 직업, 미래의 직업을 제시해주고 그들이 밝은 내일을 살아갈 수 있도록 최선을 다할 것이다.

내가 나의 일을 열정적으로, 끊임없이, 즐거운 마음으로 해나가면 그들도 자신의 일에 최선을 다하리라 믿는다.

나는 항시 공부하고 세계의 흐름을 제대로 읽으며 나의 직업에 충실히 한다. 그러면 건강과 행운, 부와 명예가 따른다는 믿음으로 24시간 일하는 마음을 놓지 않겠다.

아내와 아이들에게는 항시 애정 표현을 아끼지 않고 존경받는 가장이 되겠다. 그러면 내 가족과 주위의 벗들이 행복해지고 서로 사랑할 수 있을 것이다.

"이 사명선언문은 뚱보강사가 여러분에게 언제나 최선을 다하겠다는 뜻에서 작성한 것입니다."

사명선언문을 다 읽은 뚱보강사가 고개 숙여 청중들에게 인사를 했다. 그러자 청중들은 일제히 박수를 쳤다. 뚱보강사가 말을 이었다.

"고맙습니다. 사람이 최선을 다해도 상대에게 만족을 주지 못하는 경우가 있는데 비록 능력은 부족하지만 성의가 있는 경우라면 용서하고 애정을 가져주는 것이 필요하다고 봅니다. 한 사람의 힘이 미약하더라도 노력과 성의가 쌓이면 큰일을 할 수 있음을 믿습니다.

'무엇이든지 다른 사람에게 대접을 받고자 하는 대로 너희도 다른 사람을 대접하라.'

마태복음 제7장 12절에 나오는 이 말은 인간관계의 기본 법칙, 즉 불변의 원칙인 황금률이라고 할 수 있습니다."

시작도 끝도 사람이다

"이번 세미나의 마지막 주제는 사람입니다. 여러분은 첫째 날 삶의 가치를 정립했고, 둘째 날 자신이 나아갈 명확한 목표를 설정했습니다. 셋째 날은 자신의 강점을 살려서 회사에 공헌하라고 배웠고, 넷째 날은 창의력이 자신의 능력을 살려주는 생명이라는 것을 배웠습니다. 그런데 그 모든 것이 필요한 이유는 우리가 사람들 속에서 살고 있기 때문입니다. 아무리 빼어난 재능과 비범한 능력을 지닌 사람이라도 혼자서는 아무 일도 못한다는 것은 다 아는 사실입니다. 내가 아무리 앞장서도 사람들이 움직여 주지 않는다면 다 헛일이죠. 그래서 이 세미나의 마지막 주제는 '인맥이 자산이다.' 가 되었습니다.

직장생활의 시작과 끝은 사람과의 만남입니다.

경영학자 체스터 버나드는 그의 저서 『경영자의 역할』에서 "기업은 사람으로 구성되고, 사람에 의해 운영되고, 사람을 위해 서비스하는 시스템이다."라고 말했는데 그것은 절대로 변하지 않는 기업의 본질이므로 이 핵심을 간파해야 합니다. 중국 고대의 사상가들도 '천인합일天人合一', '천인지분天人之分' 이라는 말로써 인간과 우주, 인간과 자연의 관계를 논했습니다.

여러분이 어떤 목표를 설정하고 그것을 실천하려고 창의력을 발휘하는 것도 모두 인간관계 속에서 이루어지는 일입니다. 아무리 능력 있는 사람이라도 인간관계에서 실패하면 고독하고 어려운 나날을 보내게 되고 맙니다.

마쓰시타 고노스케는 마쓰시타 전기를 설립한 후, 사원들에게 이런 말을 했습니다.

"사람들이 너희 회사는 무엇을 만드는 회사냐고 물으면 '우리 회사는 사람을 만듭니다.' 라고 대답하세요."

그렇게 말한 마쓰시타는 무엇보다 사람 만들기에 정성을 쏟았다 합니다. 그는 사람을 쓸 때 반드시 장점은 키우고 단점은 피해갔습니다. 직원들의 장점을 최대한 키워줌으로써 최상의 능력을 발휘하도록 해서 회사에 기여하게 만들었습니다. 마쓰시타는 "기업 최대의 자산은 사람이다."라고 말한 것으로도 유명한데 그는 기업 간의 경쟁은 결국 인재 경쟁이라는 것을 일찌감치 깨우친 경영자입니다.

잘 알려졌다시피 삼성의 창업주 이병철이 내세운 창업정신도 '인재 제일'이었습니다. 이병철은 자원과 자본, 노동력 등의 생산요소 중 특히 인적자원을 기업성장의 요체로 보았고 그래서 '기업은 곧 사람'이며, 모든 일의 중심 또한 인재라는 사실을 항상 강조했습니다.

그는 입버릇처럼 "기업은 곧 사람이다. 유능한 인재를 얼마나 확보하고 키워서 얼마만큼 효과적으로 활용하느냐에 기업의 성패가 달려 있다."고 역설했습니다.

여러분은 그동안 뚱보강사의 강의를 듣고 많은 궁리를 해서 지금쯤 자신이 진정으로 원하는 것이 무엇인지 분명히 알고 있을 겁니다. 그리고 사람은 혼자서는 성공할 수 없다는 것도 잘 알고 있을 겁니다. 성공을 하려면 주위 사람들의 도움이 반드시 필요합니다. 필요성을 느껴야 능력이 생긴다는 말이 있어요. 직장생활을 하다 보면 누구라도 인간관계를 잘 가지고 싶은 필요성을 절감하게 됩니다.

뚱보강사는 한 마디로 잘라 말합니다.

'시작도 끝도 사람이다.'

뚱보강사는 다시 힘주어 말합니다.

'사람을 얻는 기술은 목적보다 마음을 구하는 것이다.'

그래서 오늘 우리의 강의는 사람을 얻는 기술, 나만의 인맥을 만드는 방법에 대해서 할 것입니다.

여러분은 자신이 원하는 것이 무엇인지 분명하게 알고 있으며 그 것이 이루어진 모습을 선명한 그림으로 그렸습니다. 자신이 무엇을 해야 하는지 명확하게 알게 되는 순간 더할 나위 없는 행복이 찾아옵니다. 자신의 꿈을 성취한 모습이 선명한 그림으로 마음속에 자리 잡을 때 신명이 나기 시작합니다.

여러분의 목표는 최상의 건강을 유지하며 경제적 풍요와 마음의 평화를 누리며 사람들에게 존경과 선망의 대상이 됩니다. 미래에 시선을 고정하고 성공한 자신의 모습을 그림으로 그려 보세요.

그것은 여러분 각자가 다 다르듯이 다른 그림일 것이지만 뚱보강사는 그 그림이 무엇인지를 알고 있습니다. 화면을 보세요."

화면에는 40대 중반의 사나이가 나타나서 다음과 같은 말을 중얼거렸다.

"나는 말단 직원으로 직장생활을 시작했습니다. 지난 20년간 열심히 일에 신명을 바친 결과 이제는 직장에서도 인정받는 직위에 올라 있고 경제적 풍요와 안정을 누리고 있습니다. 또한 최상의 건강을 유지하는 가운데 사람들에게 존경과 선망의 대상이 되어 마음의 평화를 누리며 살고 있습니다."

그 사나이는 차를 몰고 집으로 들어간다. 집은 교외에 있는 전원주택 풍의 2층 집이다. 중년의 마음씨 고와 보이는 부인과 중고등학생으로 보이는 아들과 딸 그들 가족은 거실에 모여서 담소를 나누며 여름휴가 때 유럽으로 떠나는 여행 계획을 짜면서 즐거워하고 있다.

"저 단란한 가족의 모습이 바로 여러분의 15~20년 후의 모습일 겁니다. 직장생활에서는 생존경쟁에 바빠서 정신없이 지내기도 하겠지만 누구나 바라는 것은 단란한 가족의 행복입니다."

뚱보강사가 말하는 동안 화면에서는 비행기가 날고 그들 가족은 한 달 동안의 유럽 여행을 즐기며 기쁨을 나누고 있다. 로마, 파리, 프라하, 베를린, 런던……

"이처럼 성공한 사람의 그림은 맑고 밝고 활기차고 아름다운 빛을 띄울 겁니다. 그 사람의 주위에는 그를 도와주는 많은 사람이 있습니다."

나만의 인재를 구하라

"여러분은 인재를 구할 줄 알아야 합니다. 이렇게 말하면 어리둥절해하는 사람들이 많습니다. 하지만 인재는 경영자들만 구하는 것이 아닙니다. 자기 경영을 꿈꾸는 사람은 스스로 맞는 인재를 구하는 법입니다. 그것은 말단시절부터 시작해야 하는 과제입니다. 직장 동료,

상사, 거래선의 실무자, 취미를 같이하는 모임의 동호인 등등 어떤 사람이든 나만의 인재를 만들 수 있습니다. 그 인재들이 모이면 나만의 인맥이 되죠.

여러분은 아무도 혼자서 살 수는 없다는 정도의 이치는 이미 통달하고 있습니다. 우리는 모두 서로 자신의 약점을 보완해주고 장점을 살려줄 수 있는 다른 누군가를 필요로 합니다. 그것이 반드시 개인일 필요는 없습니다. 개인이든 함께 일을 하는 팀이든 상관이 없습니다. 특히 사람들이 간과하는 가장 큰 후원자는 가족들입니다. 인맥의 개념 속에는 가족, 친구, 직장의 동료, 선후배, 상사, 거래선의 담당자 등 모두가 대상이 됩니다.

미국의 카네기 공과대학의 졸업생 가운데 성공한 사람들 1만 명을 추적해서 성공의 비결을 조사했는데 그들은 성공 비결을 이렇게 말했습니다.

"전문지식이나 기술은 성공하는데 15%의 영향밖에 주지 않았다. 나머지 85%는 좋은 인간관계에 있었다."

일찍이 중국의 시인 백낙천도 "인생행로의 어려움은 물에 있는 것도 아니요, 산에 있는 것도 아니다. 인간관계의 어려움 때문이다."라고 말했다고 합니다.

독일 예나대 연구팀의 연구 결과를 알려 드립니다.

최근 5년간 예나대 연구팀은 14개 빌딩, 1,500개 사무실의 직장인 5,000명을 대상으로 조사를 했습니다. 그 결과 사무실 내 인간관계가 실내공기나 작업 환경보다 건강에 더 큰 영향을 미치는 것으로 나타났습니다. 직장 내 인간관계가 좋지 않을 때 두통, 피로, 알레르기 질환 등 육체적, 정신적 고통을 호소하는 경우가 많았다는 겁니다.

특히 직장 초년병들은 사무실 내 인간관계가 무엇보다 중요합니다. 직장생활은 내가 좋아하는 사람들을 마음대로 골라서 사귀던 학창시절과는 다릅니다. 마음에 들지 않는 사람이나 사고방식이 다른 사람과도 같이 일해야 하기 때문에 많은 스트레스를 받기도 합니다. 학창시절과 직장생활의 다른 점은 대략 다섯 가지 정도가 나타나고 있습니다.

첫째, 학창시절에는 대게 같은 세대, 같은 또래의 사람들과 만나지만 직장에서는 10대부터 20, 30, 40, 50 심지어는 60대까지 만나야 합니다. 둘째, 학창시절의 인간관계는 서로 횡적橫的인 관계이지만 직장에서는 종적縱的인 관계입니다. 셋째, 학창시절에는 서로 마음이 맞는 사람끼리 만나고 사귈 수 있지만 직장에서는 마음이 맞든 안 맞든 누구와도 어울리지 않을 수 없다는 겁니다. 넷째, 학창시절에는 나만의 목표를 가질 수 있지만 직장에서의 목표는 오직 하나 회사의 발전이라는 목표밖에는 없다는 겁니다. 다섯째, 학창시절에는 내 중심으로 살 수 있지만 직장에서는 항상 상대방의 처지를 생각하면서 생활해야 한다는 겁니다.

직장이란 이처럼 말단 사원에서부터 대리, 과장, 차장, 부장, 임원진에 이르기까지 연령, 직책, 가치관이 다른 사람이 모여서 협력함으로써 회사의 발전이라는 목표를 달성하는 곳이기 때문입니다.

여러분 같은 새내기들은 이 점을 잘 인식하고 자기중심적인 태도를 버리고 상대방의 입장을 먼저 생각하는 연습을 해야 합니다. 너무 뻔한 말 같지만 직장생활에서 성공하려면 원만한 대인관계를 가져야 하는 것은 필수입니다.

성공한 사람들은 원만한 인간관계를 큰 자산으로 여기고 그 속에서 자신만의 인재를 구합니다. 인간은 다른 사람의 도움 없이는 성공할 수 없으며, 혼자서 살아갈 수 없습니다. 비록 내가 남보다 나은 위치에 있더라도 자신을 낮추고 겸손하게 대한다면 상대방은 나를 신뢰하게 될 것입니다. 상사에게 꾸지람을 들었다고 불만을 그대로 표출하거나 침통한 얼굴로 하루를 보낸다면 자신뿐만 아니라 주위 동료에게도 스트레스를 나누어 주는 것이 됩니다. 또 고객이 클레임을 걸어왔을 때 친절하게 대하지 않고 화를 낸다면 그것은 고객을 잃는 행위가 됩니다.

만약 동료 중에 누군가가 실수를 해서 난처한 처지에 처해 있을 때 그를 비웃지 않고 성의껏 도와준다면 그는 바로 나의 인맥의 한 사람이 되는 겁니다. 벤자민 프랭클린은 대인관계에 있어서 "나는 어떤 사람에 대해서도 나쁜 점을 이야기하지 않는다. 그리고 모든 사람들의 좋은 점에 대해서만 이야기한다."라고 말했습니다.

자신만이 최고라는 아집과 자만을 버리고 자신의 모자란 점을 돌아보고 그것을 바로잡는 사람에게는 주위에 많은 사람이 모여듭니다.

한때 김무곤 교수가 쓴 『NQ로 살아라』란 책이 베스트셀러가 된 적이 있습니다. NQ란, Network Quotient^{공존지수}의 약자로, 남들과 더불어 잘 살 수 있는 능력을 말합니다. 저자는 21세기를 네트워크사회로 보고 지능이 아닌 NQ가 높은 사람이 성공한다는 NQ 성공전략을 소개하고 있습니다.

이 책에는 NQ의 원조 예수, 자신을 낮춰 결국 세계를 정복한 유비, 적의 마음조차 사로잡은 김춘추, 숨겨진 NQ의 천재 석가모니 등 NQ가 높은 역사적 인물들을 통해 성공의 비법을 찾고 있습니다. 공존지수가 높으면, 사회생활을 하면서 인간관계가 원만해 지고, 이를 통하여 간접적으로 습득하는 지식 및 정보를 이용하여 사회에서 더욱 자신의 가치를 높일 기회가 많다고 볼 수 있죠.

NQ는 우리가 쉽게 말하는 인맥이라는 것과는 다르게 폐쇄적인 인간관계가 아니라 수평적이고 자발적이고 능동적인 인간관계를 말합니다. 다음은 그 책이 가르치는 직장생활에서 NQ 높이는 법입니다. 화면을 보세요.

직장생활에서 NQ 높이는 법

1. 꺼진 불도 다시 보자 : 지금 힘이 없는 사람이라고 우습게 보지 마

라, 나중에 큰코다칠 수 있다.

2. 평소에 잘해라 : 평소에 쌓아둔 공덕은 위기 때 빛을 발한다.

3. 네 밥값은 네가 내고 남의 밥값도 네가 내라 : 기본적으로 자기 밥값은 자기가 내는 것이다. 남이 내주는 것을 당연하다고 생각하지 마라.

4. 고마우면 "고맙다"라고, 미안하면 "미안하다"라고 큰소리로 말해라 : 입은 말하라고 있는 것이다. 마음으로 고맙다고 생각하는 것은 인사가 아니다. 남이 네 마음속까지 읽을 만큼 한가하지 않다.

5. 남을 도와줄 때는 화끈하게 도와줘라 : 처음은 잘 도와주다가 뒤에는 미적미적하거나, 도와주는데 조건을 달지 마라. 괜히 품만 팔고 욕먹는다.

6. 남의 험담을 하지 마라 : 그럴 시간 있으면 팔굽혀펴기나 해라.

7. 회사 바깥사람들도 많이 사귀어라 : 자기 회사 사람들하고만 놀다가는 우물 안 개구리가 된다. 그리고 회사가 너를 버리면 너는 고아가 된다.

8. 불필요한 논쟁을 하지 마라 : 회사는 학교가 아니다.

9. 회사 돈이라고 함부로 쓰지 마라 : 사실은 모두가 다 보고 있다. 네가 잘 나갈 때는 그냥 두지만 결정적인 순간에는 그걸로 잘린다.

10. 남의 기획을 비판하지 마라 : 너나 잘해라.

11. 가능한 한 옷을 잘 입어라 : 외모는 생각보다 훨씬 중요하다. 할인점 가서 열 벌 살 돈으로 좋은 옷 한 벌 사 입어라.

12. 조의금은 많이 내라 : 부모를 잃은 사람은 이 세상에서 가장 가

없은 사람이다. 사람이 슬프면 조그만 일에도 예민해진다. 2, 3만 원 아끼지 마라. 나중에 다 돌아온다.

13. 수입의 1% 이상은 기부해라 : 마음이 넉넉해지고 얼굴이 확 핀다.

14. 수위아저씨, 청소부 아줌마에게 잘해라 : 정보의 발신지이자 소문 의 근원일 뿐더러, 네 부모의 다른 모습이다.

15. 옛 친구들을 챙겨라 : 새로운 네트워크를 만드느라 지금 가진 최고 의 재산을 소홀히 하지 마라. 정말 힘들 때 누구에게 가서 울겠느냐?

16. 네 자신을 발견해라 : 다른 사람들 생각하느라 너를 잃어버리지 마라. 일주일에 한 시간이라도 좋으니 혼자서 조용히 생각하는 시간 을 가져라.

17. 지금 이 순간을 즐겨라 : 지금 네가 사는 이 순간은 나중에 네 인 생의 가장 좋은 추억이다. 나중에 후회하지 않으려면 마음껏 즐거라.

18. 아내(남편)를 사랑해라 : 얼마나 좋은 사 람이냐? 너를 참고 견디니……

NQ가 던지는 화두는 새로운 네트워크 사회에서 우리가 모두 잘살 려고 아무런 조건 없이 자신을 낮추고 남을 배려하면 모든 사람에게 존경받고 스스로 가치도 올라가며 언젠가는 큰 힘이 되어 자신에게 돌아오게 된다는 21세기의 새로운 성공학이자 행복론입니다.

여기에 덧붙여서 뚱보강사는 강조합니다.

NQ도 좋고, 인맥도 좋지만, 자기 경영과 성공을 꿈꾸는 사람은 스스로 인재가 된다고.

인맥 네트워크를 구축하라.

얼마 전 한 조사에 따르면 우리나라 직장인의 54.7%가 시간과 비용을 들여 전략적으로 인맥을 관리하고 있는 것으로 나타났습니다. 직장인 한 사람당 평균적으로 1주일에 7시간 20분, 돈으로는 9만 3,000원을 투자하는 것인데 직장인들이 인맥관리에 얼마나 많은 투자를 하고 있는지 보여주는 결과입니다.

그런데 뚱보강사의 경험을 이야기하자면 인맥 관리는 커뮤니케이션에 따라 크게 달라진다는 겁니다. 생텍쥐페리는 "인간은 상호관계로 묶어지는 매듭이고, 거미줄이며, 그물이다. 이 인간관계만이 유일한 문제이다."라고 말한 적이 있습니다.

인간관계는 커뮤니케이션이라는 것을 명심하시고 경청, 질문, 토론, 공감, 자기 공개 등 올바른 커뮤니케이션에 대해 배워야 합니다. 요즘에는 인터넷을 통해서 자기가 추구하는 분야의 여러 모임을 손쉽게 찾아낼 수 있습니다. 여러분은 그 모임에 참여해서 학습과 상담을 하면서 자신의 진로를 찾아내고 미래 구상을 실현하게 하는 방법을 알아낼 수 있을 겁니다. 미래를 꿈꾸는 사람들의 모임에 참여하세요. 자신의 업무와 관련된 모임이라면 더 좋겠지요. 그것이 새로운 정보를 얻고 미래의 인맥을 효과적으로 만드는 방법입니다.

물론 회사 내에서 이루어지는 커뮤니케이션도 소홀히 하면 안 되겠지만 새로운 것들을 배우고 새로운 친구를 사귀면 항상 여러분은 인간관계에 신선한 활기를 느끼게 될 것입니다.

여기서 뚱보강사는 강조합니다.

여러분은 '개미형'이 아니라 '거미형'으로 살아야 합니다. 산업사회에서는 근면과 성실을 상징하는 개미가 표준 인간형이었지만 21세기 고도정보사회에서는 거미가 모델입니다. 곳곳에 정보의 그물을 쳐두고 여유 있게 기다려야 합니다. 인맥은 하루아침에 만들어지지 않습니다. 인맥 관리는 오랜 시간, 정성을 들이고 많은 노력을 기울여야 만들어집니다.

배울 것이 있는 사람들과 목표를 가지고 교제하도록 하십시오.

나의 가치를 높이는 가장 좋은 방법은 나보다 뛰어난 능력을 갖춘 사람들과 교류하는 것입니다. 나보다 인적 네트워크가 다양한 사람, 나보다 사회 경험이 많은 사람, 다른 사람들의 존경을 받는 사람 등을 찾아내어 그들과의 대화를 통해 자신의 가치를 높여가야 합니다. 배움이 있는 교제와 교류는 즐거움이 가득 차 있는 지혜의 전당이 될 것입니다.

요즘에는 멘토링이라는 것이 무척 유행하고 있는데 그런 제도를 적극적으로 활용하세요.

만약 여러분이 자신보다 훌륭한 이를 벗 삼아 배움과 즐거움을 나눌 수 있다면 그것은 가장 훌륭하고 고귀한 지혜를 얻는 방법이 될 것입니다. 회사에 들어간 후 10년 그리고 15년 이후에 그 사람이 성공했느냐, 실패했느냐를 가름하는 것은 그 사람이 열정적으로 인맥 네트워크를 구축하였느냐 아니냐에 따라 다른 결과가 나올 것입니다.

때로 우리는 친구와의 의리나 사사로운 정에 붙들려 끌려다니기도 합니다. 그런 경우가 많아질수록 귀중한 시간만 빼앗기고 자신이 하는 일도 제대로 할 수 없습니다.

물론 사회생활을 하면서 기본적인 인간관계마저 내팽개치라는 것은 아닙니다. 어느 정도의 인간관계는 유지하되 자신의 인생계획에 차질을 줄 정도가 되어서는 안 된다는 말이죠.

어린 시절의 친구는 대부분 동네나 학교에서 우연히 만나게 되지만, 나이가 먹어갈수록 자신이 친구를 스스로 선택 해야 합니다. 사람들은 친구를 보고 그 사람을 평가하기 때문입니다. 나이 들면서 만나는 친구는 단지 끌리는 마음이 아닌, 지적인 통찰에 의해서 선택해야 합니다. 사회생활을 하면서도 아무나 마음이 끌린다고 사귀고 돌아다니면 당신은 종국에 아무 일도 하지 못하게 될지도 모릅니다.

성공한 사람은 사소한 일에 초연해서 주변에서 어떤 일이 일어나도 아무런 반응을 보이지 않을 때가 많습니다. 자신이 목표한 일을 하기에도 시간이 부족하기 때문에 주변에 대해 신경을 쓰지 못하는 것입니다. 앨빈 토플러는 『미래 쇼크』 중에서 이런 말을 했습니다.

사람의 일생 동안 대인 관계를 증가시키는 데는 관계를 맺을 뿐 아니라 끊을 줄 아는 능력, 단체에 가입할 뿐 아니라 탈퇴할 줄 아는 능력이 있어야 한다.

토플러는 별로 변화가 없는 친구들이나 기존 조직의 사람들을 멀리하라고 권합니다. 그는 말하고 있습니다.

"커피 모임이나 회식에 불참하는 적당한 구실을 찾아내라. 부서별 볼링 시합이나 카드놀이에도 처음에는 가끔 빠지다가 나중에는 자주 불참하라."

그의 충고는 그 물이 그 물인 데서 오래 놀지 말라는 충고입니다. 언제나 똑같은 사람들과 비슷한 이야기만 나눈다면 새롭고 도전적인 아이디어를 얻을 수 없다는 것이죠. 그 시간에 자신의 취미와 목표에 맞는 곳을 찾아서 더욱 폭넓은 인간관계를 넓혀야만 더 생산적이고 창의적인 기회를 얻을 수 있다는 것입니다.

현명한 사람은 어리석은 사람들을 가까이하지 않습니다. 함께 만나서 떠들고 즐거워하는 것만으로는 친구가 되는 것이 아니라는 것을 그들은 알고 있기 때문입니다. 여러분이 만약 시간을 때우려고 어떤 사람을 만났다면 그 사람이 좋아서라거나 절친한 사이가 되었다는 생각을 하지 마십시오. 그것은 그의 능력을 신뢰해서라기보다는 그와 여흥을 지내다 보니 생긴 호감일 뿐입니다. 여러분이 뛰어난 인물이 되려면, 누구와 교제해야 할 것인가를 깊이 생각해야 할 일입니다.

그리고 교류하는 인맥은 너무 많은 것도 너무 없는 것도 문제가 될 수 있습니다. 어떤 사람은 지나치게 친구가 많아서, 그들과 어울리다 보면 실제로 해야 할 자신의 일을 제대로 하지 못하는 경우가 생깁니다. 반면 어떤 사람은 친구가 한두 명에 불과해서 언제나 그들하고만 어울리는 일도 있습니다. 친구가 너무 많은 사람은 자기중심을 잡지 못하는 일이 생길 것이고, 친구가 너무 없는 사람은 성격적으로 소심해질 수 있습니다.

일본에서 가장 유명한 샐러리맨인 만화 주인공 '시마 과장'을 창조한 만화가 히로카네 겐시는 사람들이 생각하는 인맥에 대해서 이렇게 통렬하게 비판하고 있습니다.

인맥을 이용하면 위기를 원만하게 넘길 수 있을지도 모른다. 그러나 거미줄 같은 인맥을 통해 위기에서 벗어나다 보면, 나중에는 오히려 인맥에 얽매여 헤어날 수 없게 된다. 한 가지 확실하게 알아둘 것이 있다. 인맥의 신세를 질 때마다 자신의 능력은 그만큼 줄어든다는 점이다. 인맥이란 능력이 부족한 사람들이 흔히 사용하는 순간적인 처방에 불과하기 때문이다.

여기서 뚱보강사는 권합니다.

모든 일에 황금비율을 유지해라.

밥그릇의 8/10만 먹으면 과식하지 않고 소화도 잘 되는 것처럼 일과 인간관계에서 느끼는 욕망도 필요한 만큼만 받아들이면 몸과 마음에 모두 이롭다고 봅니다. 약간의 여유를 남기고 욕망의 8/10만 채우는 것이 자기 페이스를 지키는 지혜입니다. 대인관계에서도 너무 무리하지 말고 너무 모나게 행동하지 말고, 멀리 내다보면서 자신만의 고유한 인맥 네트워크 구축을 위해 노력해야 합니다. 자신이 선망하고 자극을 받을 수 있는 사람이나 그룹을 찾아서 자신의 네트워크에 끌어들이려고 지속적으로 노력해야 합니다. 자신의 업무 기술을 높여 자신의 가치를 향상시키려면 자신만의 고유한 네트워크 구축이 필요합니다. 이것은 훗날 개인 브랜드의 구축으로 이어집니다. 따라서 네트워크와 일정 계획을 세밀하게 연관시키고, 하루 일과 중 일정 시간을 네트워크에 할애해야 합니다. 여러분의 성공은 자신의 약점을 보완해줄 수 있는 효과적인 네트워크 구성 및 유지 능력에 달려 있는 셈입니다.

이제 여러분은 앨빈 토플러와 히로카네 겐시가 앞에서 왜 그런 충고를 했는가를 이해할 수 있을 겁니다.

가장 훌륭하고 가장 완벽한 멘토는 바로 자기 자신인 셈입니다.

　중국 속담에 '내일의 모든 꽃은 오늘의 씨앗에 근거한 것이다.' 란 말이 있습니다.

　뚱보강사는 여러분을 씨앗으로 보고 있습니다. 내일 꽃피려면 여러분은 다섯 번째 선택을 해야 합니다. 오늘의 주제는 '인맥은 자산이다.' 입니다. 성공의 80%는 인맥이 좌우하는 것이 직업의 세계입니다. 누군가의 실력을 인정해주는 것도 사람이고, 그 능력을 깎아내리는 것도 사람입니다. 여러분이 앞으로 대리가 되고 과장이 되고 팀장이 되는 것은 어느 정도 시간이 지나고 웬만큼 능력을 인정받으면 가능한 일입니다. 그러나 남들보다 젊은 나이에 임원이 되고 경영진이 되는 것은 솔직히 까놓고 말해서 인맥 없이는 불가능한 일입니다. 그렇다고 뚱보강사가 옛날 사람처럼 '끈' 이나 '빽' 을 이야기 하는 것은 아닙니다.

　오늘날 인맥이라고 하는 것은 서로서로 알고 인정하고 인정받는 커뮤니케이션의 일단입니다. 이 말은 현대 기업 사회에서는 인맥이 조직이나 패거리로 이루어지지 않는다는 말입니다. 앞에서도 말씀 드렸지만 그 사람이 열정적으로 인맥 네트워크를 구축하였느냐 아니냐에 따라 다른 결과가 나올 것입니다. 뚱보강사가 5년째 헤드헌터 사업을 해오면서 기업들이 얼마나 인재에 목말라하고 있는가를 알게 되었습니다. 인맥 네트워크의 구축은 곧 자기 브랜드의 구축을 의미합니다.

21세기 지식정보화 사회에서 인재는 곧 기업의 자산이기 때문입니다. 현대 기업 경영은 기계도 기술도 특허도 아닌 사람이 중심입니다. 사람은 지식, 정보, 기술 등 모든 자원의 집합체입니다. 특히 첨단 산업분야의 경우, 기업들은 우수인력의 유치를 위한 해외 채용팀을 가동하고 있고 세계를 돌며 스카우트 대상을 물색하고 있을 정도입니다. 인재 한 명을 데려오기 위해서라면 기업들은 회사전용기를 동원한 007작전도 불사하고 있습니다. 그것은 세계 일류기업들과의 경쟁에서 이기려면 핵심인재의 확보가 관건이라는 현실인식에 근거한 것입니다. 이제는 일선에서 물러났지만 20년간 삼성을 이끌면서 삼성을 초일류 기업으로 키워낸 이건희 회장은 인재의 중요성에 대해서 이런 말을 했습니다.

21세기는 경쟁이 극한수준으로 치달으면서 소수의 창조적 인재가 승패를 좌우하게 되는 거죠. 과거에는 10만 명, 20만 명이 군주와 왕족을 먹여 살렸지만 앞으로는 천재 한 사람이 10만 명, 20만 명을 먹여 살리는 시대가 될 겁니다.

총칼이 아닌 사람의 머리로 싸우는 두뇌전쟁의 시대에는 결국 뛰어난 인재, 창조적 인재가 국가의 경쟁력을 좌우하게 됩니다. 20세기에는 컨베이어 벨트가 제품을 만들었으나 21세기에는 천재급 인력 한 명이 제조공정 전체를 대신할 수 있어요. 예를 들어 반도체 라인 1개를 만들려면 30억 달러 정도가 들어가는데, 누군가 회로선폭을 반만 줄이면 생산성이 높아져 30억 달러에 버금가는 효과를 거두게 됩니다. 천재들을 키워 5년, 10년 후 미래산업에서 선진국과 경쟁해 이기는 방법을 말씀드리는 겁니다.

인재는 기업의 가장 소중한 자원이며, 기업 간의 경쟁은 결국 인재 경쟁으로 판가름이 납니다. 그래서 기업은 인력 관리를 중시하고 직원들의 창조성 개발에 힘을 기울입니다. 기술이나 자금, 원자재 등과 같은 자원이 동일한 조건의 기업이라면 창조적이고 적극적인 마인드를 가진 인재들을 보유한 기업이 더 빨리 성장할 수 있다는 것입니다.

그래서 인재를 키우고 인재를 제대로 보는 눈을 가진 오너가 있는 기업이 성공을 거두는 것입니다.

그러고 보니 말이 나온 김에 인재를 보는 눈이 독수리 같았던 사람의 묘비명 이야기를 좀 해야겠습니다.

'여기에 자기 자신보다도 현명한 인물들을 끌어 모으는 방법을 터득했던 사람이 잠들어 있다.'

누구의 묘비명입니까?

청중들 사이에서 여러 사람의 이름이 거명되었지만 '카네기'란 소리가 압도적이었다.

"맞습니다. 얼마나 멋진 묘비명입니까? 이번 강연에서는 카네기의 이야기를 좀 많이 한 것 같은데 기업인으로서 카네기는 문제가 전혀 없는 인물은 아니었지만 세계 기업사에 한 획을 그은 획기적인 인물임은 틀림없습니다.

카네기는 철강 제품을 생산하는 공정에 대해서는 잘 몰랐다는 이야기는 이미 해드렸습니다. 아주 영리했던 그는 그 과정을 배우려고 별로 노력하지도 않았습니다. 그 대신 그는 300명이 넘는 그 분야의 엘리트들을 채용하고 중임을 맡겼습니다. 카네기는 우수한 부하를 발견하는 힘과 그들을 자석처럼 끌어당기는 매력을 갖추고 있었습니다. 특히 찰스 슈왑에게는 연봉 100만 달러라는 파격적인 대우를 하면서 제국 건설의 중차대한 임무를 맡겼습니다. 당시 100만 달러는 요즘 돈 1억 달러보다 가치가 있었을 겁니다.

슈왑이 천재였기 때문이었을까요?

제철 계통의 최고 권위자이기 때문일까요?

그런데 재미있는 것은 슈왑의 말입니다. 그의 말을 빌리자면, 자신보다도 그 밑에 있는 부하들이 제철에 관해서는 훨씬 더 잘 알고 있다고 말했습니다. 알고 보면 슈왑이 엄청난 연봉을 받게 된 이유는 사람들을 다루는 방법에서 타의 추종을 불허하기 때문이었습니다.

그는 다음과 같은 비결을 말했습니다.

"나는 사람들의 열의를 불러일으키게 하는 방법을 터득했는데, 이것이 나에게 있어서는 가장 소중한 보배입니다. 그 방법이란 다른 사람들의 장점을 키워 주려고 칭찬과 격려를 해 주는 것입니다. 자신의 상사로부터 야단을 맞는 것처럼 그의 향상심을 방해하는 것은 없습니다. 그래서 나는 결코 사람들을 비난하지 않습니다. 그 사람들을 열심히 일하게 만들려면 아낌없는 격려가 필요하다고 나는 믿습니다. 따라서 나는 사람을 칭찬하는 것을 좋아합니다. 그래서 사람들의 장점을 발견하여 그들을 진심으로 칭찬하고 아낌없는 찬사를 보냅니다."

이것이 슈왑의 방법이었습니다.

그러나 대부분 사람은 이와는 반대로 행동합니다. 자신의 마음에 들지 않으면 무조건 그를 공박하고 마음에 들게 될 경우라 하더라도 칭찬에 매우 인색합니다.

그런데 앤드류 카네기는 슈왑보다 한 수 위였습니다. 카네기도 다른 사람들을 아낌없이 칭찬하는 버릇이 있었는데, 이 점은 그가 스스로 작성했던 그의 묘비명에서도 극명하게 드러나 있는 것입니다.

카네기는 일에 대한 부하 직원들의 열정을 불러일으키는데 천재적인 재능을 발휘해서 마침내 제국을 이루었고 '철강왕'이란 타이틀을 거머쥘 수 있었습니다. 이처럼 인맥을 쌓고 권한 이양의 방법을 아는 사람은 성공을 향해 나아갈 수 있습니다. 강한 자가 꼭 이기는 것이 아니라 이긴 자가 강한 자가 되듯이 결국은 자신보다 더 우수한 강점을 가진 사람을 끌어들이는 것이 필요하다는 말입니다.

자신보다 더 뛰어난 능력의 소유자와 협력할 수 있을 때 성공을 얻을 수 있다고 자부하고 있던 카네기는 자신의 묘비명도 미리 그렇게 적어놓을 수 있었던 것입니다.

전 프랑스 대통령 미테랑은 "미래를 생각하는 인간에게는 언제까지나 미래가 있다."라고 말했습니다.

뚱보강사는 말합니다.

내일의 계획을, 내일의 인맥을 오늘 미리 준비하라."

오늘의 멘토 – 삼국지의 세 주인공

"인간을 알려면 삼국지를 읽으라는 말이 있습니다. 오늘의 멘토는 삼국지의 세 제국을 호령한 조조, 유비, 손권을 삼았습니다. 강의가 파장이 되니까 여러분이 지루해 하는 것 같아서 신나는 삼국지 이야기로 대미를 장식하렵니다. 괜찮지요?"

예~, 청중의 대답이 길게 이어졌다.

"좋습니다. 시대에 따라 삼국지의 주인공 세 사람은 다르게 평가받고 있는 데 오늘은 뚱보강사식으로 그들의 인맥형성과 용병술을 이야기해보고자 합니다.

삼국지야말로 천하통일을 꿈꾸는 영웅호걸들이 대륙을 무대로 불꽃 튀는 경쟁을 한 중국사의 요약판이라고 할 수 있습니다.

삼국지에 등장하는 인물들은 하나같이 개성과 야망이 강합니다. 그들은 자신의 야망을 달성하고자 대륙을 휘젓고 다닙니다.

등장인물 모두가 상대를 꺾고 패권을 차지하려고 온갖 지략과 권모술수를 구사하는 탓에 삼국지는 재미가 있기도 하고 인간의 심리와 오묘한 술수를 제대로 알게 하는 책이기도 합니다. 삼국지를 제대로 읽게 되면 인간관계에 대한 이해가 깊어지고 세상을 보는 눈이 생긴다는 것은 사실입니다.

삼국시대는 한마디로 격동의 시대였습니다. 통일 중국을 400년간 지배하던 한나라의 강대한 권위는 무너졌지만 새로운 권위는 아직 형성되지 않았고, 사회규범이나 가치관도 혼돈된 상태의 시대였습니다. 사실 이런 시대처럼 재미있는 시대는 없을 것입니다.

특히 능력이 있고 무언가 큰 꿈을 가진 사람에게는 절호의 기회라고 할 수 있습니다. 운이 좋으면 한낱 필부에서 왕후장상은 물론 황제의 자리까지 엿볼 기회를 만난 것입니다. 이것은 여러분 같은 직장인들이 대기업의 최고경영자를 꿈꾸는 것과 같은 이치일 겁니다.

현대의 많은 경영인이 삼국지에서 인재의 발탁이나 등용술을 배운다고 합니다.

어떤 재벌 그룹이 정치의 복잡한 내용을 연구하려고 삼국지를 교재로 선택한 바 있고, 미국의 육군 사관학교인 웨스트포인트에서 삼국지를 교재로 채택한 사실은 이미 널리 알려진 일입니다.”

삼국지의 세 주인공

"삼국지 세 왕국의 군주인 유비, 조조, 손권은 인재를 기용하고 관리하는 방법이 전부 달랐습니다.

유비는 인의와 신뢰, 덕으로서 사람을 중용했고, 조조는 학문과 병법에 재주가 뛰어났고 권모술수와 임기응변에 능했습니다. 반면 손권은 수성형의 리더로서 적극적으로 천하를 엿보는 것이 아니라 정세에 대응하는 유연한 자세로 자신이 지닌 왕국을 다스리는데 만족했습니다.

삼국지하면 먼저 생각나는 것이 조조와 유비입니다. 두 사람은 어디까지나 대조적인 개성을 지니고 있었습니다. 조조를 '권모權謀의 사람' 이라고 한다면 유비는 '정의의 사람' 으로 말해도 좋습니다.

조조는 타고난 지략과 권모의 능력을 발휘하여 거의 알몸으로 출발했으면서도 비교적 짧은 기간에 황하유역에 세력을 구축했습니다. 그의 성공은 '권모' 라는 개인적 재능에 힘입은 바 큽니다.

조조에 대해서는 정사 『삼국지』의 저자 진수도 '비상한 사람' 이라는 평가를 하고 있습니다. '비상한 사람' 이라는 것은 평범하지 않은 인물, 규격에서 벗어난 사람이라는 뜻으로 반드시 칭찬의 말이라고는 할 수 없습니다.

조조에 대해서는 그의 이미지를 상징해주는 이런 이야기가 전해져 옵니다. 조조가 아직 무명이었을 때, 인물의 평을 잘하는 허소라는 명사가 있었습니다.

어느 날 조조는 이 허소의 거처로 찾아가 인물평을 부탁하였고 그 때 허소는, 이렇게 조조를 평했습니다.

"당신은 좋은 시절에는 좋은 신하가 될 것이요, 어지러운 시대에는 간웅이 될 인물이오."

이것은 삼국지의 유명한 삽화입니다. 조조는 한 번만 보고서도 예사로운 인물이 아니라고 느낄 만큼 남다른 면이 있었다고 합니다.

여기에 비해 유비는 언제나 조조의 뒤에서 먼지를 뒤집어쓰는 불운의 연속이었습니다.

그러나 유비는 도원결의桃園結義를 한 관우, 장비를 비롯하여 삼고초려三顧草廬로 모셔온 제갈량이 유비를 위하여 목숨을 두려워하지 않고 싸워준 탓에 조조와 맞서는 세력을 구축하게 되었습니다.

한번은 이런 일이 있었습니다.

조조가 본거지로 한 땅에 후한 왕조의 헌제獻帝를 맞이해 황하유역에 확고한 위치를 구축했을 때, 유비는 아직 자신의 세력을 형성하지 못하고 손님의 신분으로 조조 밑에 몸을 의탁하고 있었습니다. 그즈음 조조의 독재에 반기를 들고 조정의 대신들이 조조를 암살하려는 계획을 세워 유비를 실질적인 주모자로 추대했습니다.

유비가 대신들의 뜻을 받들어 실행의 기회를 엿보던 어느 날, 그는 조조로부터 식사를 함께하자는 초청을 받았습니다. 유비는 시치미를 떼고 자리에 참석했습니다. 조조는 유비의 마음을 떠보려고 이렇게 말했습니다.

"지금 천하의 영웅은 당신과 나 조조뿐이오. 원소의 무리는 헤아릴 것이 못 되오."

이 말을 들은 유비는 흠칫 놀라 젓가락을 떨어뜨렸습니다. 그때 마침 귀청을 찢는 듯한 천둥소리가 들렸습니다. 유비는 겁먹은 표정을 하며 변명을 했습니다.

"주군 앞에서 추태를 보이고 말았습니다. 제가 워낙 천둥번개를 무서워해서 그만……."

유비는 이렇게 바보시늉을 하고 겨우 그 자리를 벗어날 수 있었습니다.

조조가 모사의 천재였다면 유비도 음흉한 데는 그에 못지않은 구석이 있다는 것을 보여주는 일화입니다. 조조와 유비는 그 뜻과 방법은 달라도 자기의 손으로 천하를 통일하고자 하는 야망을 가슴에 품고 있었던 것입니다.

반면에 오나라를 차지하고 있던 손권은 그런 강렬한 의지가 거의 없었습니다. 이것은 어떠한 의미에서는 현명한 선택이라고 말할 수 있겠습니다. 욕심을 부리지 않은 결과 오는 삼국 전쟁의 시대에서 살아남았고 위나 촉보다 오랫동안 보존했기 때문입니다. 손권이 터득한 것은 자세를 낮게 하고 몸을 움츠려 '살아남기' 의 전략을 사용했습니다. 따라서 흥미가 부족한 면은 있지만 자기를 지키기에 급급한 오늘날에는 조조나 유비보다 그에게서 배우는 것이 많을지도 모릅니다.

손권의 장점은 유연한 외교노선에 의해 나라의 존속을 꾀하고 사람을 쓰는데 아주 신중했다는 점입니다. 그의 밑에는 주유, 노숙, 여몽, 제갈 근, 육손 등 어디에 내 놓아도 빠지지 않는 쟁쟁한 인재들이 진을 치고 있었습니다. 그야말로 손권은 수성의 묘를 터득한 사람이었습니다."

리더의 조건

"리더의 조건은 지금까지 많은 사람에 의해 여러 가지 각도에서 분석되어왔습니다. 말하는 사람마다 주장하는 내용은 다르지만 그 가운데 공통으로 지적되는 것은 통솔력, 판단력, 선견력, 결단력 그리고 신의와 동정심 같은 항목이었습니다.

분명히 이러한 내용은 정상의 조건으로써 빼놓을 수 없고 그 범주에서 이론의 여지가 없습니다. 그러나 이것이 필요조건 전부는 아닙니다.

조조와 유비가 리더로 자라나는 과정을 살펴보면서 인맥 형성과 리더십의 기본을 살펴보는 것도 흥미로울 것입니다.

유비는 소설 '삼국지' 에서는 의인으로 나타나고 있지요. 악역으로는 말할 것도 없이 조조입니다. 이 두 사람의 대결이 삼국지의 드라마로 형성돼 있으나 두 사람의 승부는 항상 유비가 당하는 쪽이었습니다. 좀 더 사실대로 말한다면 유비는 조조에게 역부족이었습니다.

조조가 대군을 동원해 남쪽을 정벌할 때 일입니다.

유비는 형주를 거점으로 하는 유표의 손님으로 번성에 주둔하고 있었습니다. 때마침 유표가 죽고 그의 아들 유종이 뒤를 이었으나 유종은 조조의 세력을 두려워해 항복했습니다. 조조의 대군과 맞서 싸울 수가 없어 유비는 할 수 없이 근거지였던 번성을 버리고 강릉으로 철수하려고 대열을 재정비하려 했습니다. 그런데 유종이 단념한 형주의 민중들이 유비의 대열로 합류하면서 그 수가 십만 명을 넘고, 마차 수레가 수천 대를 넘어섰습니다.

이렇게 해서 유비군의 철수는 매우 더뎌졌고 조조군의 추격을 받게 되자 유비의 참모 가운데 한 사람이 진언을 했습니다.

"장군, 속도를 빨리하지 않으면 조조군에게 추격을 당할 지경입니다. 뒤따라오는 민중들은 스스로 살아가라 하고 우리 군대를 앞서 보내야 할 줄 압니다."

이 말에 유비는 이렇게 대답했습니다.

"당장 급하다고 나를 믿고 따라나선 민중들을 여기서 버리고 달아날 수는 없다. 우리가 모두 살아 돌아가든지 아니면 모두 죽음을 당하든지 그것은 하늘에 맡길 일이다."

이것이 유비의 기본적인 세계관이었습니다. 아니나 다를까, 유비의 군대는 이내 조조의 병사들에게 따라잡혀 큰 피해를 당했습니다. 유비 또한 처자를 버리고 도망갈 수밖에 없었습니다. 유비가 조조와 다른 고난의 인생행로를 걸을 수밖에 없었던 가장 큰 이유가 바로 이런 것입니다. 유비의 인생은 변화가 심한 편이었습니다.

젊었을 때 후한말의 혼란을 틈타 군사를 일으켰지만 쉰 살이 가까이 돼도 자기의 세력을 가지지 못했습니다. 당시의 쉰 살이라면 이미 만년에 가까운 나이가 아닙니까. 그러나 유비는 만년이 돼 촉^{蜀漢, 지}금의 쓰촨 성의 땅에 자신의 세력을 일으키는 데 성공했습니다. 이것을 보통 '촉한왕조'라 합니다. 촉한은 조조가 이룩한 위나라를 대기업으로 한다면 기껏해야 중소기업 정도라 할 것입니다. 그러나 맨손으로 시작해 이 정도라도 일으킨 것을 보면 기적에 가까운 일이라 할 만합니다.

그 같은 기적을 가능하게 한 것은 무엇일까요. 한마디로 말해 제갈량, 관우, 장비를 비롯해 그의 아랫사람들이 모두 유비를 위해 몸과 마음을 아끼지 않고 일을 했기 때문입니다. 유비에게는 아랫사람들이 '이 사람을 위해서라면 목숨을 던져도 아쉬움이 없다.'라고 생각할 수 있는 인간적인 매력이 넘쳤습니다. 어쩌면 이것이 유비가 가진 최대의 정치적 자본이라 말할 수 있겠습니다. 요즘 들어서 삼국지의 주인공들에 대한 해석이 아주 분분하지만 의리 하면 역시 유비의 사람들을 따라올 집단은 없을 성싶습니다. 개인적인 능력 면에서는 조조가 유비를 훨씬 앞지르는 탓에 현대의 평자들은 능력 위주의 해석을 해서 현대에는 조조 같은 사람이 어울린다는 풍조를 만들어 내고 있지만, 사실 사람살이는 능력도 중요하지만 인간다움을 가지고 살아야 멋있는 것이 아닐까 싶군요.

반면 조조는 시화에 능하고 학문도 깊은 전략가의 풍모를 지닌 문무를 겸한 군주였습니다. 그런데 소설 삼국지 속의 조조는 한마디로 간사한데다가 비정하기까지 하여 절대 본받아서는 아니 될 인물로 묘사되고 있습니다. 그것은 다음과 같은 삽화가 전해오는 탓입니다.

조조가 17만 대군을 이끌고 원술을 공격할 때의 일입니다.

조조가 군대를 이끌고 전투를 하다가 군량이 부족함을 알았습니다. 군량이 없으면 작전을 충분히 펼 수가 없었으나 조조는 군량을 맡은 장교를 불러 대책을 물어보았습니다. 그러자 장교가 말했습니다.

"양을 조금 줄이면 겨우 될 것 같습니다."

그렇게 해서 군사들에게 돌아가는 식사량이 줄게 되었습니다. 그러나 병사들 사이에는 금세 불만이 높아졌습니다. 정량을 속이고 있다고 믿은 것입니다.

조조는 장교를 불러 말했습니다.

"너의 목을 빌려 병사들의 불만을 진정시키고 싶다."

그러자 장교가 놀라서 외쳤습니다.

"전하, 그것은 저의 책임이 아닙니다!'

그러나 조조는 옳고 그름을 가리지 않고 그의 목을 쳐 높은 장대 끝에 매달았습니다. 그리고 방을 내 붙였습니다.

'이 자는 식량의 양을 줄여 양곡을 훔친 죄로 참수하였음'

과연 병사들의 분노는 가라앉았습니다. 그러나 이 삽화는 사실이 아니라는 설도 있고 전략가 조조의 진면목을 보여주는 것이라는 설도 있습니다.

뚱보강사는 삼국지의 열성팬입니다. 어려서부터 수십 번을 읽은 것 같고 얼마 전에는 진수란 사람이 쓴 삼국지 정사도 읽어보았습니다. 결론 삼아 말씀드리면 조조는 자신의 사리사욕을 채우려고 재물을 탐했던 소인배나 모사가 아니라 출중한 리더십을 갖춘 용장이었다는 겁니다. 소설 삼국지에서 소설적인 재미를 주려고 유비와 아주 대조적인 극단의 인물로 설정해서 조조의 모습은 많이 왜곡되어 있습니다. 조조는 오히려 자기에게 내려진 식읍이나 재물을 수많은 전투에서 목숨을 걸고 싸워 준 병사들에게 나누어주곤 했습니다. 만약 식량의 양을 줄이라고 해놓고 조조가 장교의 목을 친 것이라면 그것은 전쟁에 이기려고 고육지책에서 나온 어쩔 수 없는 선택이라고 보아야 할 것입니다. 물론 유비라면 그런 짓을 못했겠지요. 조조의 매력은 숨겨진 채 잘 드러나지 않는 곳에서 자리 잡은 것 같습니다.

이번에는 그런 조조의 숨겨진 성품을 잘 나타내는 삽화입니다.

조조 휘하에는 고유라는 장수가 있었습니다. 고유는 비중 있는 장수가 아니었습니다. 오히려 조조가 극도로 미워하는 적장 고간의 조카였습니다. 그런데 어찌하다 보니 고유는 조조의 휘하에 들게 되었습니다. 조조는 그가 언제 적과 내통할지 모른다고 의심을 하지 않을 수 없었습니다. 그렇다고 특별한 잘못도 없는데 그를 처벌하거나 몰아낼 수는 없었습니다. 그래서 누구라도 실수할 수밖에 없는 어려운 직책을 맡깁니다. 그러나 고유는 출중한 인물이었습니다. 그는 실수는 고사하고 누구보다도 깔끔하고 완벽하게 일 처리를 해내는 것이었습니다.

어느 날 밤, 조조가 변장하고 군 진영을 둘러보니 고유가 서류 더미에 묻혀 일하다가 깜박 잠들어 있는 것을 발견했습니다. 그때 조조는 가만히 자신이 입고 있던 털외투를 벗어 덮어주고 돌아왔습니다. 그 이후로 고유는 죽을 때까지 조조에게 충성을 다합니다. 그런데 그는 고분고분한 부하가 아니었습니다. 아무리 조조가 내리는 명령일지라고 사리에 맞지 않으면 자신의 소신을 굽히지 않고 시비를 가렸습니다. 조조가 곰곰이 생각해보니 고유의 말이 틀린 것이 별로 없었습니다. 그때부터 조조는 고유를 믿고 아끼는 장수로 대해주었습니다. 이 삽화를 보면 조조가 인간적인 매력이나 친화감도 없이 단순히 뛰어난 용병술이나 매서운 법의 집행만으로 중원의 패자가 된 사람이 결코 아니라는 것을 알 수 있을 겁니다.

조조의 리더십은 현실을 합리적이고 실천적인 방향으로 변화시키려 했던 데서 찾아볼 수 있기 때문에 현대의 경영자들과 많은 점에서 닮았다고 보아야 할 것입니다.

한편 유비의 리더십은 아무리 소설에서 과장되어 있다고 해도 놀라운 바가 있습니다.

유비가 숨을 거두기 전의 삽화입니다.

유비는 병으로 쓰러져 죽음을 알게 되었을 때 공명을 머리맡에 불러 이렇게 말했습니다.

"공명의 재능은 조비에 비해 열 배가 넘으니 필히 나라를 안정케 하고 마침내 큰일을 해낼 것으로 믿는다. 내 아들 선은 어리고 재능이 부족하니 그가 이 나라를 다스리지 못할 것 같으면 공명이 알아서 나랏일을 맡기를 바란다."

중국에 군주가 많았다고는 해도 신하에게 이렇게 두터운 신뢰를 보여준 군주는 없었습니다.

그러자 공명은 이렇게 말했습니다.

"신 공명은 목숨이 다할 때까지 작은 군주유선를 받들어 나라를 일으키겠습니다."

이 말과 같이 공명은 유비의 사후에도 몸과 마음을 다하여 그의 아들이자 촉 나라의 후계자인 유선을 도와 나라를 일으켰습니다. 공명이 그렇게 충성을 다한 것은 유비로부터 받은 두터운 신뢰가 있었기 때문입니다.

유비에게는 아랫사람들이 '이 사람을 위해서라면 목숨을 던져도 아쉬움이 없다.' 라고 생각할 수 있는 인간적인 매력이 넘치기 때문입니다. 어쩌면 이것이 유비가 가진 최대의 정치적 자본이라 말할 수 있겠습니다.

촉 나라를 세우던 시절 유비가 조조에게 공격을 받아 크게 졌을 때, 불운하게도 관우는 조조의 군대에 포위되었습니다. 조조는 관우의 호걸다움을 잘 알고 있었으므로 후한 대우로서 자기를 섬기도록 설득하였으나 관우는 단 한마디로 거절하고 유비에게 돌아왔습니다. 아랫사람들에게 유비는 불가사의한 매력을 갖고 있었던 인물이었습니다.

뚱보강사는 말합니다.

조조, 유비, 손권의 인맥관리와 리더십에서 여러분은 배울 것이 많습니다. 시대는 많이 바뀌었지만 인간이 사는 모양새는 비슷합니다. 뚱보강사는 여러분이 앞으로 어떤 유형의 리더로 자리매김하게 될지 모릅니다. 그것은 여러분 자신도 모릅니다. 다만 우리는 만인에게 불가사의한 매력을 가진 인물이 되고 싶은 가운데 어떤 한 유형의 인물이 되어가는 것입니다."

심각하게 이직을 생각하라

"이제 마지막으로 여러분의 진로에 대한 이야기를 간단히 하고 이번 세미나를 마칠까 합니다.

뚱보강사는 이 세미나에서 여러분 각자의 진로 문제를 일절 다루지 않습니다. 그래서 어떤 분들은 실망을 표하기도 하고 돈만 버렸다고 불만을 토로하기도 합니다. 그러나 뚱보강사는 족집게 강사가 아닙니다. 여러분이 고3도 아닌데 어떻게 이 많은 분의 진로를 다 맞추어서 맞춤식 강의를 하겠습니까.

뚱보강사는 여러분이 3년차를 넘어섰을 때 개별 상담을 해드리고 있습니다. 살짝 말씀드리면 무료상담이지만 3년차가 될 때까지 뚱보강사의 말을 믿고 따라 준 성의가 가상해서 그분들에게는 뚱보강사도 성의를 다합니다. 어떤 분들에게는 뚱보강사가 밥을 사주기도 합니다."

그러자 여기저기서 박수가 터져 나왔다. 뚱보강사의 말이 이어졌다.

"이제 뚱보강사는 여러분이 3년차에 들어섰다고 가정하고 강의를 합니다.

한마디로 말해서 입사 3년이 지나면 전직轉職을 고려해 볼 때입니다. 그동안 마음에도 안 드는 직장, 적성에도 안 맞는 일을 뚱보강사 덕에 억지로 다녔다는 젊은이들이 꽤 많습니다. 그런데 미래를 준비하는 마음으로 일을 열심히 배우고 마음에도 없는 상사들 비위를 열심히 맞추다 보니 그냥 일이 마음에 들기도 하고 주위 사람들에게 인정을 받게 되어 눌러앉게 되었다는 사람들이 꽤 있습니다.

전직을 생각하는 가장 어려운 경우는 상사들보다는 입사 동기들과의 문제가 더 많더군요.

어느 날 특별히 잘난 것 없는 입사 동기가 먼저 승진한다는 사실을 알게 되었을 때 시기심과 좌절감이 없다면 사람이 아니죠. 너무나 억울해서 그 사람은 상사에게 항의해봅니다.

"아무개하고 나하고 차이가 뭡니까? 이런 처우를 받고는 더는 회사에 못 다니겠어요."하면 상사가 이렇게 대꾸합니다. "잘 됐네, 자네 계속 다니기 싫어했잖아." 그 사람은 결국 찍소리도 못하고 진짜 사표를 써야 했습니다.

아마 여러분도 그런 경우를 당했거나 앞으로 많이 당하게 될 것입니다. 그렇다고 진짜 사표를 쓰고 나와서 다른 직장을 전전해서는 안 됩니다.

사실 대부분의 직장인은 보수가 적다고 그만두지는 않는다고 합니다. 자신이 하는 일에 대해서 회사로부터 존중받지 못한다고 느끼기 때문에 그만두는 경우가 많다군요.

사람은 누구나 존중받고 싶어 하고 대접받고 싶어 합니다. 그래서 성질이 급하거나 참을성이 없는 사람들은 쉽게 사표를 쓰고 직장을 자주 옮기는 성향이 있습니다. 그런데 그런 사람은 그 원인이 무엇이든 간에 채용 담당 임원들에게서 좋은 점수를 얻지 못합니다.

그런 사람은 우선 연봉에 따라 움직이는 사람, 어려운 일이 닥치면 회피하는 사람, 또는 가는 회사마다 재정난으로 문을 닫게 하는 불운의 사람 등 아주 부정적인 인상에서 벗어나기 어렵습니다. 잦은 이직은 업종과 직무 모두에서 전문성을 인정받기 어렵습니다.

일부 기업은 일정 횟수 이상 전직을 한 사람의 경우 면접 기회조차 주지 않는 때도 있다고 합니다. 이것이 직장을 자주 옮기는 것을 말리는 까닭입니다. 대부분의 직장인은 좀 더 많은 연봉을 바라고 전직을 합니다. 하지만 전문가들은 높은 연봉에만 매달리는 전직은 바람직하지 않다고 조언합니다. 일반적인 수준보다 높은 연봉은 그만큼의 리스크가 있다는 점을 알아야 합니다. 스카우트는 그 사람의 능력을 보고 시도된 것이 아니라 그 사람이 다니는 회사 브랜드를 잠시 빌려서 단기간의 실적을 이끌어내려는 경우가 허다합니다. 여러분은 거기에 현혹되어서는 안 됩니다. 앞으로 여러분이 순조롭게 진급하고 상당한 연봉을 받는 사람이 되어 스카우트 제의를 여러 곳에서 받게 되었다 합시다. 그때 여러분이 명심해야 할 것은 자신의 몸값이 자신만의 것이 아니라는 것입니다. 내 몸값은 지금 내가 다니는 회사 브랜드가 80% 커버해 주고 있다는 사실을 사람들은 잊어버리고 우쭐거립니다. 그런데 스카우트한 회사는 그 사람에게서 정보, 사람, 기획, 자금력 등을 다 빼먹고는 승진에서 누락시키는 경우가 왕왕 있습니다. 뚱보강사는 그렇게 물먹은 사람 수도 없이 보았습니다.

'당신의 X파일이 거래되고 있다.' 이런 이야기 들어 보셨나요? 화면을 보세요.

CEO급 1,000만 원,
임원급 500만 원,
팀장급 300만 원.

이것은 얼마 전에 모 일간지 기자가 밝혀낸 소위 '평판조회 비용'이라는 것입니다. 많은 기업이 이 뚱보강사 같은 헤드헌터들에게 돈을 주고 스카우트대상이 되는 인물들의 평판조회를 의뢰하면서 지

급하는 비용이죠. 이 비용이 직급에 따라 가격이 매겨져 있다는 것에 놀라는 분도 있고 설마 이렇게까지 할까 생각하는 분도 있겠지만 이 것이 현실입니다. 물론 뚱보강사는 그런 일을 하지 않습니다. 하지만 나의 X파일이 누군가의 손에 있다고 생각하면 아찔하죠. 그러니 1년 마다 철새처럼 직장을 옮기는 사람들은 그 사람이 가진 약발이 떨어 지면 낙동강 오리알이 되고 맙니다.

뚱보강사는 말합니다. 전직에도 시기가 있습니다.

1년마다 직장을 옮기는 케이스가 아니라면 전직을 통해 얻게 되는 이득에 대해서 고려해볼 필요가 있습니다. 만약 하는 수 없이 전직을 해야겠다, 이놈의 회사 죽어도 못 다니겠다 싶은 분들은 연봉보다는 업무 역량을 넓힐 수 있는 곳으로 옮기는 것이 좋습니다.

하지만 여러분은 전직을 생각하기 전에 자신의 평판관리부터 하는 것이 중요합니다.

그런데 문제는 또 있지요. 반대의 경우죠. 여태 다니던 회사가 싫지도 않고 마음에 드는데 본인의 의사와 상관없이 직장을 옮겨야 하는 상황이 벌어진 겁니다. 여러분은 아직 햇병아리라서 잘 못 감지하고 있을 수도 있는데 선임 직원들은 해가 바뀔 때마다 치고 올라오는 능력 있는 신입 또는 부하 직원들이 두렵기만 하답니다. 그것은 남의 일이 아닙니다. 더욱 더 많은 노력을 기울여야만 부하 직원에게 대접을 받을 수 있고 밀려나지 않게 됩니다.

어쨌거나 여러분이 전직을 생각하고 있다면 여러분의 다음번 직장은 정말 자신의 꿈을 이룰 수 있는, 능력을 최대한 발휘할 수 있는 곳이 되어야 합니다. 그러려면 최소한 10년 앞을 내다보는 안목이 있어야겠죠. 10년 후에 세상은 특히 자신의 분야는 어떻게 변해 있을 것인가 그 큰 흐름을 알고 있어야 합니다.

그러기 위해서 여러분에게 미래학 책을 볼 것을 강력하게 권합니다. 과거에 미래학은 대접을 받지 못했지만 오늘날 미래학은 허황된 상상력의 장난이 아닙니다.

이제 10년 안에 '1 가구 1 로봇' 시대가 열릴 것이고, 홈 오토매틱이 구현된 '홈 네트워크'가 완성 될 것이고, 자동차의 개념을 바꾸는 'E-CAR'의 시대가 다가올 것입니다. 그뿐만 아니라 평균수명 100살을 내다보는 바이오 시대, 120살이 가능한 인체부품 시대가 열릴 것인데 그때를 대비해서 여러분은 무엇을 준비하고 있나요.

여러분이 미래를 내다보는 힘을 갖기 원한다면 국내외의 세계적인 기업들이 무엇을 준비하고 있는가를 읽으면 됩니다.

성공한 기업들의 최고경영자들은 미래를 내다보는 선견력을 가지고 있습니다. 가령 빌 게이츠나 스티브 잡스, 리처드 브랜슨 같은 창조적 인물들이 하는 말이나 행동에 주의를 기울여서 미래를 조망하고 준비하세요.

우리나라 유수의 기업체를 움직이는 최고경영자들의 동향에도 관심을 두세요. 요즈음은 마음만 먹으면 인터넷으로 어떤 정보라도 얻을 수 있습니다. 꿈꾸는 젊은이라면 세상이 어떻게 움직이고 있고 앞으로 어떻게 변할 것인가를 알아야 합니다.

경력 관리의 주체는 자기 자신입니다. 자신이 원하는 바가 분명한 인재가 되십시오.

뚱보강사와 같은 헤드헌터의 역할은 아무것도 아닙니다. 헤드헌터는 단지 특정 경력을 요구하는 기업의 의뢰를 받고 그 기업에서 환영받을 수 있는 인재를 찾아 연결하는 것뿐입니다. 말하자면 복덕방이죠. 그런데 어떤 분들은 이 뚱보강사가 무슨 신의 아들 쯤 되는지 무조건 어떻게 좀 해달라고 매달립니다. 헤드헌터는 단지 어떤 기업체가 어떤 인재를 원하는지 보다 많은 정보를 가지고 있을 뿐입니다. 여러분이 놓칠 수도 있고 모르고 있던 기회를 잡아드릴 수도 있습니다. 그러나 그것은 경력관리가 잘 되고 실력을 갖춘 사람의 경우입니다.

뚱보강사는 말합니다.

만약 회사를 떠나더라도 현재까지의 인맥을 최대한 활용하라.

그러려면 근무하던 회사에서 나쁜 인상을 주고 떠나면 안 됩니다. 근무하던 회사와 사업상의 끈을 연결하고, 그 인맥을 최대한 활용하는 것이 인맥관리의 기본입니다. 왜 그동안 자신이 바친 시간과 경력을 활용하지 못합니까? 그런 낭비를 하는 사람은 성공을 논할 자격이 없지요.

떠나더라도 좋은 인상을 주고 떠나면 전 직장의 동료를 통하여 사업에 필요한 정보도 최대한 입수하고 도움을 받을 수 있습니다. 그러면 새 직장에서 일하는 것이 수월해지고 대인관계도 편해집니다. 어떤 사람은 이 원리를 잘 이용해서 두 군데 회사에 다니는 효과를 올리는 일도 있습니다. 이것이 과거의 인맥과 현재의 인맥을 최대한 활용하는 예입니다.

『팔로우십의 힘』의 저자 로버트 켈리는 말했습니다.

"리더십과 팔로우십을 얘기할 때, 성공한 대다수 조직에서 관리자의 공헌은 평균적으로 20%를 넘지 않는다. 어떠한 조직과 기업이든 그들의 성공은 모두 개인이 아닌 팀에 달려 있다."

과거의 인맥과 현재의 인맥, 현재의 인맥과 미래의 인맥을 생각하시고 그들을 자신의 팀원으로 만드는 사람은 반드시 성공하고 몸값도 제대로 받을 수 있습니다.

GE사의 잭 웰치 전 회장도 다음과 같이 말했습니다.

"내 성공의 10%는 비할 데 없이 왕성한 내 개인의 진취적 태도에 의한 것이고, 나머지 90%는 모두 강력한 나의 팀에 의한 것이다."

광범위한 인맥 네트워크를 형성하십시오. 사실 인맥관리에는 통찰력, 인내력, 배려하는 마음 등 정치력이 필요하고 대단한 노력이 필요합니다. 하지만 인맥은 사업을 전개할 때 무엇보다 큰 재산이 됩니다. 여러분은 어디에 있든 대단한 노력을 해야 합니다.

지금과 같은 세미나에 참석하게 되면 같이 공부한 강사는 물론 수강생과의 인맥 관계를 형성하도록 하세요. 전문 교육과정의 가장 큰 장점은 비슷한 업무를 하는 관련 업체 사람들과 인맥을 형성할 수 있는 모처럼의 기회를 잡게 된다는 겁니다. 특히 뚱보강사의 세미나에 참석한 분들은 많은 모임을 가지는 걸로 압니다. 여러분처럼 세미나에 참석한 사람들이 모임이나 커뮤니티를 형성해서 대화를 나누다 보면 엄청난 화학반응이 일어나죠. 온라인, 오프라인으로 일에 대한 정보, 구직에 대한 정보를 교환하다 보면 서로 많은 도움을 주고받을 수 있습니다. 어쩌다 알게 된 사람이라고 가볍게 생각하지 말고 명함을 주고받은 후 문자메시지나 이메일이 오면 반드시 답신하세요. 생각보다 많은 사람이 당신을 도와줄 수 있습니다.

이제 끝으로 여러분께 부탁드립니다. 지금까지 뚱보강사가 한 말을 다 잊어버려도 좋습니다. 고물장수에게 주고 엿 바꾸어 먹어도 좋습니다. 단 한 가지만 잊지 말고 실행해 주세요.

매일 종이에 그날 할 일을 6가지 쓰는 것입니다. 그 일만은 365일 해주세요. 그것만 해도 여러분은 5년, 10년 후에 다른 사람이 되어 있을 겁니다. 여러분 중에 누군가는 이미 그 메모의 힘을 느끼고 있다고 연락을 해주었습니다. 그러나 그것은 아직 시작일 뿐입니다. 아직

6줄 메모의 힘을 못 느끼신 분들도 당장 시작하세요. 그리고 반드시 실천하고 그 사항을 체크하세요. 거기서 엄청난 쾌감이 느껴질 겁니다. 나도 할 수 있다는 자부심과 열정이 생겨날 것입니다. 매일 그 일에 습관이 들면 주간 단위, 월간 단위, 연간 단위의 목표도 저절로 실행하게 되는 것이 6줄 메모의 마력입니다. 5줄, 7줄도 좋아요. 일이 적은 사람은 5줄, 일이 많은 사람은 10줄도 좋습니다. 그러나 10가지 일을 더 계획하지는 마세요. 너무 많은 일을 하려고 하면 실행력이 떨어지고 일의 밀도가 떨어집니다. 다시 강조합니다. 그날 적은 일은 반드시 실행하고 체크하세요. 그러면 일을 마쳤다는 성취감이 창의력을 낳고 창의력은 여러분의 능력을 배가시킵니다. 앞으로 하루의 목표달성이 주간 단위, 월간 단위, 연간 단위를 넘어서서 3년, 5년, 10년, 나아가서 평생의 목표를 달성하게 될 것입니다. 그러면 성공은 여러분의 것입니다.

감사합니다."

'미래의 백만장자 칵테일파티'를 위해서

세미나가 끝나고 사람들은 삼삼오오 흩어져 갔다.

나는 뚱보강사와 함께 우리가 자주 가던 생맥줏집에 들렀다. 그곳에는 강의를 듣고 목을 축이러 온 젊은이들이 꽤 있었다. 우리가 자리를 잡고 앉자 30명에 가까운 젊은이들이 뚱보강사와 나를 둘러싸고 앉았다.

"강의 잘 들었습니다."

"그동안 수고 많으셨습니다."

젊은이들이 치하의 말을 뚱보강사에게 했다.

"나는 여러분이 성공을 꿈꾸고 그것을 생생하게 그리고 그것을 믿는다면 반드시 성공하리라고 믿어요."

뚱보강사가 말했다.

"그럼 선생님이 말씀하시는 것이 『시크릿』같은 책에서 말하는 것과 같은 것인가요?"

누군가 물었다.

"그렇지요. 『꿈꾸는 다락방』이란 책을 보면 'R=VD' 공식이란 이야기가 나오는데 그것은 바로 '생생하게 Vivid 꿈꾸면 Dream 이루어진다 Realization'는 것이라고 합니다. 이것은 종교에서 말하는 기도의 원리와 같은 것이죠."

뚱보강사가 말했다.

"선생님. 저는 어젯밤 꿈에 아이스크림과 대화를 나누는 꿈을 꾸었는데 어제 선생님께서 아이스크림 이야기를 하셨어요. 그것도 'R=VD'인가요?"

정희였다.

"그렇지요. 아이스크림과 대화를 나누었다면 장차 아이스크림에 대한 꿈을 꾸는 모양이죠?"

뚱보강사가 물었다.

"네. 저는 10년 안에 제 브랜드의 아이스크림 회사를 만들고 싶어요."

"그렇게 될 겁니다. 이미 그 회사를 만든 것처럼 생각하고 행동하세요. 미국에는 '미래의 백만장자 칵테일파티'라는 것이 있다고 해요. 칵테일파티라는 점은 일반적인 그것과 별반 다를 것이 없는데 특이한 점은 참가자들이 실제 백만장자가 아니라 그렇게 되고 싶은 사람들인데 파티가 진행되는 내내 자신이 마치 백만장자인 것처럼 말하고 행동한다고 합니다. 심지어는 자신이 어떤 시련을 극복하고, 어떻게 백만장자가 되었는지 그리고 그 돈을 어떻게 관리하고 있는지도 생생하게 이야기한다는 것이죠. 그런데 놀라운 점은 이렇게 파티에 참가한 사람 중에 실제 그들의 꿈이 실현될 확률은 매우 높다는 겁니다. 'R=VD'나 『시크릿』은 다 그런 이야기를 하고 있는 셈이죠."

뚱보강사의 말을 들은 젊은이들은 눈을 빛내며 우리도 '미래의 백만장자 칵테일파티'를 만들자고 소리쳤고 그 일을 의논하기 시작했다.

그 자리에서 몇몇 젊은이들은 백만장자클럽도 좋지만 실제적인 실력을 기르는 것이 좋다고 강조해서 스터디 그룹을 결성하기로 했다. 그들이 나중에 나와 함께 공부를 하게 된 스터디 그룹 7명의 멤버다. 우리는 요즘도 한 달에 한 번씩 만나며 알찬 공부와 유익한 대화를 나누고 있다. 그들은 모두 성공을 거두고 풍요로운 삶을 꿈꾸고 있다.

헤드 헌터가 꼽은 사회 초년생 경력관리 7계명

1. 입사 2~3년 안에 절대 이직하지 마라.

취업이 어려운 요즘 일단 입사하고 나서 연봉이 높거나 더 좋은

직장을 찾아 떠나는 경우가 많다.

연봉을 쫓아 업종을 넘나드는 이직은 추후 큰 약점으로 작용하니

피해야 한다.

2. 기본적인 인성을 갖춰라.

성실하고 적극적인 자세로 언제나 최선을 다해야 한다.

가장 기본적인 일이지만 조직에서 신뢰를 받는 최선의 방법이자

성공을 위한 지름길이다.

3. 평생 직종을 정하라.

본인의 적성과 전공 분야, 직업에 대한 의지의 정도를 따져 평생

가야 할 직종을 정하는 게 급선무다.

하기 싫은 일을 하거나 더 나은 일을 찾으며 시간을 허비하는 일

은 없어야 한다.

4. 외국어, PC활용 능력은 기본.

외국어와 기본적인 PC활용 능력은 필수다.

IT 업계 엔지니어의 경우 경력은 충분한데 어학 능력이 모자라 기

회를 놓치는 경우가 많다.

제조업의 경우, 영어는 물론 중국어 실력도 갖춰야 하는 추세다.

5. 인맥을 쌓아라.

인맥은 자연적으로 만들어진다는 생각을 하며 별도의 노력을 기

울이지 않는 경우가 많다.

사회생활에서 인맥의 중요성은 지위가 올라갈수록 절실하게 느끼

게 된다.

업계의 전문가를 만나보고 능력 있는 직장 상사와 친밀도를 높이

는 것이 좋은 방법이다.

6. 이력서를 늘 업데이트 하라.

이력서를 보고 후보자를 선별하기까지 걸리는 시간은 약 30초.

작성해놓은 이력서를 카피해가며 재활용하지 말고 자신의 최근

활동까지 생생하게 담아두자.

7. 직종 전문 헤드헌터와 접촉하라.

헤드헌터는 경력자나 고위자들만 상대한다고 생각하면 오산이다.

요즘은 능력 있는 신입을 원하는 기업도 느는 추세이기에, 사회

초년부터 전문 헤드헌터와 함께 목표를 만들어 꾸준히 경력 관리

를 하는 것도 좋다.

출처 : 아이뉴스